# GARATUJAS
## RABISCOS E DESENHOS
### A Linguagem Secreta das Crianças

# GARATUJAS
## RABISCOS E DESENHOS
A Linguagem Secreta das Crianças

Evi Crotti e Alberto Magni

© 2011, Editora Isis Ltda.

*Supervisor geral:*
Gustavo L. Caballero

*Revisão de textos:*
Juliana Mendes

*Capa*
Editorial Sírio S.A.

*Diagramação e montagem:*
Décio Lopes

Grafia atualizada segundo o Acordo Ortográfico da Língua Portuguesa de 1990, que entrou em vigor no Brasil em 2009.

Proibida a reprodução total ou parcial desta obra, de qualquer forma ou por qualquer meio seja eletrônico ou mecânico, inclusive por meio de processos xerográficos, incluindo ainda o uso da internet sem a permissão expressa da Editora Isis, na pessoa de seu editor (Lei nº 9.610, de 19.02.1998)

Direitos exclusivos reservados para Editora Isis

ISBN: 978-85-88886-70-4

EDITORA ISIS LTDA
www.editoraisis.com.br
contato@editoraisis.com.br

# Índice

Prefácio .................................................................................. 7
Introdução ............................................................................ 11
A garafunha (de um a três anos) ......................................... 13
Da garatuja ao desenho (entre três e os quatro anos) .......... 45
O desenho ............................................................................ 63
O Teste da personagem ....................................................... 66
O Teste da árvore ............................................................... 117
O Teste da casa .................................................................. 141
O Teste da família ............................................................. 163

# Prefácio

Todos têm pelo menos três vidas: uma real, uma imaginária e uma inconsciente. E ocorre que as crianças, e não somente as menores, vivem justamente este último tipo de vida a que os pais não costumam ter acesso. Não obstante, à medida que a criança cresce, vai cedendo à fascinação de um universo cada vez mais lógico e coerente. O adulto aferra-se aos modelos racionais, convencido de que esses modelos o conduzirão à maturidade total. Todavia, o universo verdadeiro encontra-se um pouco mais adiante da lógica. Neste livro, Evi Crotti e Alberto Magni ajudam-nos a descobri-lo e convidam-nos a ouvir os demais, especialmente os menores, o que nem sempre é fácil.

Mais ou menos vivo, todos conservamos algum trauma, no fundo da nossa memória. Recordo-me, entretanto, como se fosse ontem, do desespero com que minha esposa e eu descobrimos, um dia, ao chegar do trabalho, que Estêvão havia pintado com caneta hidrográfica quase metade do apartamento. Naquela época, ainda não conhecia Evi Crotti, pelo que não me acorreu levar o culpado a consultá-la nem levá-la ao menino para que o tratasse. Simplesmente me dediquei a calcular quanto nos custaria reparar os danos causados nas paredes, na tapeçaria e nos móveis.

Naquele dia, o que aconteceu na cabeça do meu filho? Hoje, depois de muitos anos, Estevão explica assim: "Minha carreira de pintor já começara quando ainda nem andava. Lembro-me de que o primeiro passo foi prover-me dos utensílios necessários: mordi um lápis, mastiguei uma borracha e chupei uma hidrográfica. Essas primeiras sensações gustativas apaixonaram-me. Logo comecei a desenhar com lápis de cores, enchendo folhas e folhas de esquisitas pastagens. Meu pai só me perguntava: 'O que é que desenhou aí?'. Minha arte, naquela época, não era muito compreendida."

Se não se lhe ouve, a criança fará qualquer coisa para fazer-se ouvir. Isso é o que acontece: "Em certo momento", continuou Estevão, "pensei que meu futuro estivesse na técnica do afresco. Comecei a pintar cenas de casa no dormitório, já que tinha à minha disposição uma parede, que se prestava maravilhosamente para esse tipo de tema. Quando chegou o momento de plasmar o horizonte, apliquei uma hidrográfica vermelha sobre a parede e corri até o final do corredor. Satisfeito com o resultado, senti a necessidade de aprofundar essa ideia e, arrebatado por uma verdadeira febre criativa, pus-me a dançar para frente e para trás, convencido de que dez a doze riscos transmitissem melhor a impressão de movimento. Desta vez, quando meus pais chegaram, não perderam tempo, perguntando-me o que é que eu havia desenhado. Deram-me uma surra. Chorei por eles, os pobres não compreenderam nada. E resignei-me, pensando que nunca mais poderia convencê-los do meu gênio criativo."

"Estevão", disse-lhe, "sou mais otimista do que você. Faz dias, numa reunião informal com vários colegas, todos pais de crianças pequenas, diverti-me lendo-lhes algumas linhas deste livro. Os professores, precavidos na certeza de sua ciência logo se viram desarmados e preocupados. Um deles confessou-me que desejaria conseguir um exemplar do livro, antes que fosse publicado." Comentário de Estevão: "Asseguro-lhe de que não o queira para compreender melhor seus filhos, mas para impressionar seus colegas. O que se há de fazer é bem simples: tão somente tratar de ouvir com ouvidos de criança." Não me lembro de onde, mas esta frase já a havia escutado antes. Talvez, inclusive, sendo eu a criança. Seria nos evangelhos? Assim sendo, haveria de qualificar como um milagre, o fato de compreender as crianças? Evi Crotti e Alberto Magni dão-nos neste livro os meios necessários para tentar essa experiência.

*Gianfranco e Stefano Piantoni.*
*Universidade de Milão.*

# Introdução

Todo desenho é uma expressão da pessoa que o realiza. Pensemos numa criança pequena: a partir dos dois ou três anos, garatuja, traça linhas, pinta coisas nas paredes ou em qualquer lugar que possa, desenha riscos sobre a areia ou sobre o solo e, se não possui giz, faz com os dedos ou com um palito. É sua forma de escrever, ou melhor, de falar; esses signos que à primeira vista parecem garabulhas incompreensíveis são, na realidade, sinais muito eloquentes que a criança dirige especialmente à sua mãe ou ao seu pai.

Cada traço possui um sentido particular e concreto. Comprovaremos, se pedirmos ao desenhista que nos explique o que desenhou: "Este é papai, este é o gato, aqui está mamãe e este sou eu." É possível que na folha de papel haja trinta ou quarenta rabiscos mais ou menos parecidos, todavia, aos olhos da criança, cada um deles possuirá um sentido muito diferente. Em seu conjunto, esses traços compõem uma história: refletem os desejos, as emoções, o medo, as etapas do seu desenvolvimento e os ritmos biológicos e psicológicos da criança. Essa história é projetada sobre a família. Por isso, às vezes, a esses desenhos se lhes denominam "testes de projeção."

E assim é como o autor do desenho dialoga com o mundo dos adultos. A eles lhes corresponde o trabalho de descobrir e seguir o fio deste fascinante discurso. Com sentido comum e, sobretudo, com amor, saberemos interpretar esses sinais que jamais são relevantes. Quando uma criança lhe mostra uma folha cheia de garafunhas, está lhe mostrando uma parte do seu mundo, uma parte dela mesma. Entretanto, no desenho dos pequenos há muito mais. A criança, ao aprender a utilizar os mapas, vai equilibrando e coordenando seus movimentos, habitua-se a organizar suas ideias e seus impulsos num espaço concreto, por isso não se lhe deve repreender quando desenha em superfícies não adequadas. Quando ocorre isso, é necessário por à sua disposição papel e lápis de cor. As crianças que dispõem de todo o necessário para desenhar desenvolvem movimentos mais soltos e maior facilidade para expressar-se. Não é por casualidade que os psicólogos e os neuropsiquiatras utilizam precisamente o desenho como um instrumento importante na hora de analisar os problemas do crescimento.

# A garafunha
## (de um a três anos)

# Origens

O homem primitivo deixou-nos mostras da sua presença, friccionando os dedos sobre o barro ou traçando o contorno da mão apoiada nas paredes da sua caverna. Esses desenhos, todavia, hoje nos surpreendem. Maior, porém, deve ter sido a surpresa que o ser humano experimentou ao descobrir o que era capaz de fazer com suas próprias mãos.

É esse, precisamente, o tipo de assombro que experimenta a criança quando, garatujando sobre uma folha de papel, de repente torna-se consciente de que existe, de que é uma entidade separada do resto do mundo e de que pode deixar testemunho de sua presença, um testemunho concreto e tangível. José, no jardim de infância, vai-nos explicando sua vida enquanto desenha: "Esta é mamãe, este é o papai de Elisa, isto é o espelho do barco..."

## 16 :: Garatujas: Rabiscos e Desenhos

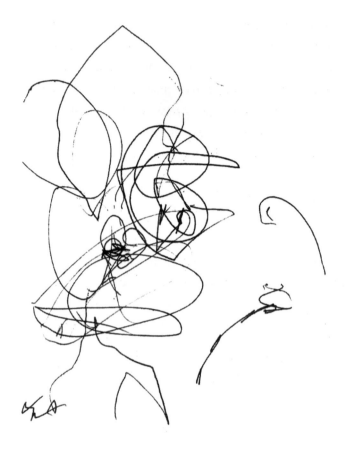

Seu pai morreu há alguns meses, e a criança expressa seu sofrimento sobre o papel, com um gesto nervoso, contraído e doloroso. Manifesta com o lápis o que não pode fazer com palavras.

Fazem bem os pais que conservam as garatujas dos seus filhos, inclusive as mais "horríveis". Nelas há sempre algo de mágico, de puro e de artístico, algo que une a criança como o mundo e que é comum a todas as crianças, pois a garatuja é um fato universal. São encontradas, com muita semelhança, em todos os povos, todas as culturas e em todas as latitudes.

Alguns pintores contemporâneos (Jackson Pollack, por exemplo) mantêm um contato estreito com esse tipo de expressão em que, por meio de alguns traços aparentemente informes, vislumbra-se o gesto primitivo, o impulso original de deixar um vestígio.

De fato, nossas crianças com suas garatujas estão celebrando o nascimento da escritura. É um ato primitivo, mas carregado de sentido. É o início da aventura, o momento da construção da linguagem escrita que nos levará à comunicação. É como um cordão umbilical, símbolo que permite à criança sentir-se unida à sua família, ao mesmo tempo que busca sua própria autonomia. Sua mão, recorrendo à folha ao longo e ao amplo, não escreve palavras, mas deixa sinais, deixa uma expressão, a sensação de existir e um profundo desejo de fazer-se saber aos demais.

## Nascimento do grafismo.

Conhecer o outro é compreende-lo. Somente estabelecendo uma relação com a linguagem não verbal da criança poderemos descobrir realmente seus ritmos biológicos e suas necessidades e seremos capazes de ajudá-los a crescer em harmonia, respeitando seu entorno natural.

A garatuja permite-nos explorar os aspectos instintivo e afetivo, que regem o comportamento da criança. Está no mesmo âmbito em que tratamos de captar, nas primeiras fases da infância, as imagens mais diretas que recebemos: sorrisos, pranto, alegria, tristeza. Tudo isso e muito mais poderemos ver nas garatujas. Esse aspecto da vida da criança reflete todas as suas emoções e sentimentos, quer sejam eles positivos ou negativos. Corresponde ao adulto descobri-los a fim de poder orientar devidamente a vida da criança, ajudando-a vencer seu medo, sua agressividade, sua cólera, suas reações irreflexivas, sua angústias e seus ciúmes, ajudando-a também a reforçar suas emoções e os sentimentos relacionados com o bem-estar, como o amor, o prazer, a estabilidade emocional e sua relação com as pessoas e as coisas.

O fato de haver garatujas sobre uma folha de papel possibilita uma comunicação entre a criança e o adulto, pois essa linguagem não verbal permite à primeira expressar todo o seu universo interior, transmitindo com toda a intensidade suas emoções. Ao mesmo tempo, ajuda-a a estabelecer uma relação mais profunda com as pessoas e as coisas que a rodeiam, invertendo sua energia vital e emocional num mais amplo número de objetos.

Na garatuja de uma criança podemos descobrir dois componentes principais: o gesto e o traçado. O gesto é a manifestação da intenção, da espontaneidade, da casualidade ou da tentativa de apresentar algo. O traçado mostra-nos a maestria, o domínio logrado pela criança (a soltura ou a dificuldade experimentada ao realizar o desenho). Vemos na forma como ocupa o espaço, no predomínio das linhas curvas ou ângulos, na intensidade etc. Todos esses dados podem ser interpretados.

O fato de garatujar implica pelo menos duas fases fundamentais que vão desde o momento em que a criança decide deixar sua marca até o momento em que a obra toma sua forma. É como quando decidimos escrever ou desenhar algo: primeiro esperamos a "inspiração", que não é outra coisa senão uma elaboração mental cuja finalidade é realizar algo concreto.

Os aspectos sensorial e motor têm uma grande importância na atividade gráfica da criança. O sensorial põe à disposição da criança um sistema muito sofisticado, uma vez que, por meio dos órgãos dos sentidos, percebe a infinidade de mensagens que lhe envia o mundo exterior. E o elemento motor é o que lhe permite atuar sobre esse mundo exterior. Pela garatuja a criança afina sua percepção da realidade. Uma vez que começa a manipular os objetos, isto é, a partir dos três meses e meio, o bebê vive uma sucessão de experiências que revestem de grande importância sua vida intelectual, afetiva e emocional.

Até os dois ou três anos, o grafismo já está presente na vida da maioria das crianças. Neste momento, seu nível de maestria permite-lhes já a coordenação de movimentos necessária para realizar uma obra "artística". A riqueza do período pré-escolar é poucas vezes apreciada em seu justo valor pelos adultos, que tendem a considerar que as "realizações da criança" tão somente são adequadas para o cesto de papéis. Noutros casos, os pais estendem-se em demasiados elogios que usualmente expressam um excesso de proteção mais do que uma consciência educativa.

Desde o berço, o bebê já começa a mostrar seu temperamento e seu caráter. Se o adulto fosse capaz de deixar de lado sua experiência e evitasse projetar sua personalidade sobre a do menino, poderia descobrir, neste, características que, de algum modo, se lhe escapariam. Uma das vantagens da garatuja, em comparação com outras formas de expressão, é precisamente a possibilidade de examinar a criança por meio do desenho. Nesse sentido, é muito mais significativa do que a expressão verbal, que, inclusive, quando gravada, ficará sempre menos carregada de sentido. Por outra parte, o sentido profundo da garatuja pode ser compreendido não só pelo adulto como também pela própria criança, o que reforça o impulso natural e a comunicação. O conhecimento dessa linguagem nos permitirá conhecê-la melhor, já que muitas vezes não é capaz de transmitir informação concreta sobre si mesma. Uma criança cheia de energia, por exemplo, projetará sobre suas criações gráficas toda a sua vitalidade em forma de traços marcados e ângulos fortes, mais do que linhas suaves. Interpretando esses sinais, aprenderemos a conhecer aspectos da sua personalidade que, de outra forma, permaneceriam ignorados.

# Evolução do grafismo

## Maturação do sistema nervoso em função das capacidades representativas

Para compreender como uma criança começa a garatujar e logo a desenhar ou a escrever, é necessário levar em consideração certos conceitos como a motricidade, a percepção, a lateralidade, o espaço, a função simbólica, a linguagem etc., já que todos são elementos que colaboram na estruturação da capacidade expressiva gráfica. A maturação do sistema nervoso – caracterizada por fases bem-definidas – é uma condição indispensável para que a criança possa manipular de maneira apropriada o lápis sobre o papel. O desenvolvimento de certas capacidades pode ser precoce em algumas crianças e tardio noutras. Na evolução da coordenação motora distinguem-se alguns níveis concretos.

### Nível motor (aproximadamente até os 20 meses)

Os sinais sobre o papel são homolaterais, quer dizer, os executados com a mão direita situam-se na parte direita da folha e os que a criança realiza com a mão esquerda os faz deste lado do papel. Tendem a ser centrífugos, ou seja, partindo do ponto mais próximo do sujeito que desenha, prolongam-se ou para a direita, ou para a esquerda. As linhas curvas podem ser de direção positiva, isto é, no sentido inverso aos ponteiros do relógio, ou negativa, quer dizer, no sentido dos ponteiros do relógio. A escolha de uma ou outra modalidade não é arbitrária, pois tem a ver com o tipo de estrutura cerebral e não mudará mais, além dos três anos. Só depois dessa fase poderá a criança realizar círculos completos.

### Nível perceptivo (entre os 20 e os 30 meses)

Podemos distinguir uma primeira fase durante a qual a criança vai adaptando progressivamente seus gestos manuais ao espaço gráfico de que dispõe e uma segunda, na qual passa do domínio do gesto - e por isso, da mão – ao controle do traço: num primeiro momento, o olho segue a mão que escreve, depois a guia e a dirige para onde a criança quer (por isso é tão difícil, mas muito útil, para uma criança pequena, colorir imagens sem sair dos contornos estabelecidos). Esse controle vai se afirmando cada vez mais, melhorando, desse modo, a qualidade do traço e da obra no seu conjunto.

### Nível de representação (entre os 30 e os 48 meses)

É neste período que a criança torna-se capaz de associar a expressão gráfica com a oral, quer dizer, de relacionar o desenho com descrições pronunciadas em voz alta. Usualmente, esta fase coincide com a aquisição da capacidade de realizar linhas quebradas, o que lhe permite plasmar, sobre uma mesma folha de papel, um maior número de objetos distintos e reconhecíveis.

Os elementos que permitem esta mudança, fundamental para a evolução posterior, são quatro:

1. **A forma**, que lhe permite distinguir e desenhar uma linha reta ou um círculo.
2. **A proporção**, graças à qual um objeto é maior ou menor que outro.
3. **O número**, que lhe possibilita a descrição de conjuntos, de coisas ou de pessoas.

4. **O espaço gráfico**, quer dizer, a área definida e limitada pelas bordas da folha de papel.

Da representação de elementos simples situados um ao lado doutro passaremos a objetos mais complexos. Por exemplo, um círculo e uma linha reta são o esboço da figura humana, o que alguns chamam "o homem cabeção".

Este é o momento em que têm lugar as primeiras tentativas de grafismo estrutural, quer dizer, um tipo de garatuja que tende a imitar a estrutura dos adultos. Depois dessa fase, normalmente até os quatro ou cinco anos, inicia-se a diferenciação entre as formas não figurativas, que terminarão por converterem-se em escritura, e os objetos figurados, que serão a base do futuro desenho.

# Interpretação

## O que devemos observar

Ao desenhar, a criança manda uma grande quantidade de mensagens que é importante observar para poder interpretá-las devidamente. Esta norma é válida tanto para os educadores como para os pais, e é indispensável tê-la em conta, se quisermos evitar erros. É importante observar o modo, a forma como a criança sustenta o lápis, o espaço ocupado, o ponto de início (o lugar do papel em que a criança começa o desenho), o traço, a pressão exercida sobre o papel e a forma que toma a garatuja.

**O modo.** É importante avaliar se a criança sustém o lápis de uma forma relaxada ou bem forçada. No primeiro caso, estamos diante da expressão de uma motricidade livre e tranquila; no segundo, se tratará da manifestação de tensão de variados tipos. É primordial ensinar a criança a segurar o lápis de modo correto, mas sem forçá-la. Seus sistemas neuromuscular e psicomotor se beneficiarão.

**O espaço.** Quando está repleto, indica confiança, expansão, extroversão e desejos de crescer. Se estiver pouco preenchido, nos assinalará uma criança temerosa, inibida, introvertida e tímida.

**O ponto de início.** Normalmente a criança deveria começar o desenho no centro da folha, mostrando assim a forma em que se situa no mundo exterior. Se o caso não é este, possivelmente nos encontremos diante de um indício de inibição ou de timidez. É muito importante que, nos primeiros anos da sua vida, a criança possa satisfazer a necessidade natural de sentir-se o centro do universo.

**O traço.** Pode ser seguro ou, pelo contrário, trêmulo ou titubeante. No primeiro caso, a criança está indicando sua soltura no movimento, sua liberdade para explorar e, portanto, para desenhar. O segundo caso pode assinalar-nos algum medo, talvez de que o resultado não obtenha a aprovação dos mais velhos ou das consequentes reprovações. Pode ser também consequência de uma educação excessivamente estrita no que se refere à limpeza.

**A pressão.** O gesto gráfico pode ser ligeiro ou marcado. Um traço apenas perceptível mostra-nos uma natureza sensível que se manifestará também no jogo e na vida cotidiana. Ao contrário, um traço pressionado indica natureza enérgica, grande vitalidade e necessidade de dispor de espaço amplo.

**A forma.** O círculo, o ângulo, as linhas quebradas e os pontos são expressões da forma como a criança se situa no mundo, como se percebe e como vai se desenvolvendo.

# O modo

O que de mais importante devemos observar quanto à forma como a criança submete o lápis é o esforço que realiza, ou, pelo contrário, a facilidade com que sustém na mão o instrumento que lhe servirá para escrever ou desenhar. Se vemos que o modo como pega o lápis é pouco habitual e aparentemente sem harmonia, não devemos necessariamente concluir que seja consequência de algum problema motor, orgânico ou funcional.

A posição mais correta da mão para segurar um lápis é a chamada "ergonômica", isto é, a mais eficaz em termos de força e que causa menor fadiga aos dedos.

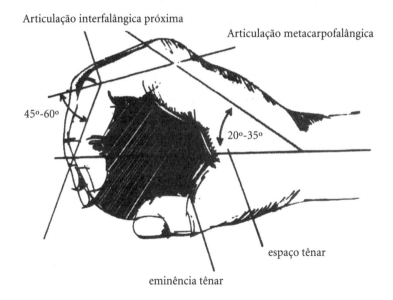

## Posição funcional da mão

Esta posição caracteriza-se por implicar uma flexão média de todos os dedos, como se estivessem rodeando uma esfera.

Com esta postura ideal pode-se escrever por muito tempo sem experimentar fadiga.

Não obstante, existem numerosas variantes que permitem igualmente escrever e desenhar de maneira correta. O fato de adotar um modo anormal de sujeitar o lápis, sobretudo quando se trata de uma criança pequena que pela primeira vez segura pincéis ou lápis, poderia interpretar-se como a busca da melhor maneira de sustentá-lo entre os dedos. Só mais tarde, entre oito e doze anos, uma vez que o sistema nervoso esteja bem-estruturado, poderemos observar e talvez corrigir os modos anormais de segurar o lápis ou o pincel.

Esse mesmo raciocínio é válido quanto à escolha da mão, direita ou esquerda, que deve fazer-se da forma mais espontânea possível, respeitando a tendência natural da criança (lateralidade fisiológica). Toda imposição será um entrave para a estruturação psicomotriz harmônica e pode gerar inibições, atrasos ou uma alteração do desenvolvimento da aptidão da criança para escrever, para desenhar ou inclusive para expressar-se verbalmente.

## A ocupação do espaço

Para poder compreender e decifrar uma garatuja, é necessário envolver-se sem ideias preconcebidas no impulso criativo que impele a criança a pegar um lápis e riscar de maneira informal sobre uma folha de papel. Isso lhe permite explorar o espaço e descobrir-se a si mesma.

A criança desloca-se sobre a folha sem razão aparente e garatuja praticamente bailando sobre ela. Desse modo, revela seu temperamento, sua esfera afetiva, os movimentos que é capaz de realizar, o ritmo que pode sustentar e sua força vital.

O lápis, na mão da criança, obedece a uma instrução precisa do espírito, que torna visível tudo o que ele experimenta em si mesma. A intensidade do impulso vital expressa-se no ato gráfico como um gesto universal de liberdade e de vida.

Com frequência, a ocupação do espaço transcende as bordas da folha, ou melhor, ao contrário, o gesto é apenas esboçado, a criança garatuja um pouco acima ou permanece na zona situada mais abaixo, próxima dela. Nesses casos, dizemos que a criança não quer ilustrar nada, tão apenas ilustrar o que sente no seu interior. Como disse o pintor americano Jackson Pollack: "Pinto sem realizar traços preliminares. Minha pintura é imediata... Minha forma de pintar é a manifestação natural de uma necessidade. Quero expressar meus sentimentos, não ilustrá-los."

Quando a criança enche toda a folha a com um **traço curvo**, não está mostrando um **temperamento extrovertido**, quer dizer, uma natureza que se conduz bem no seu entorno. Por ter um caráter expansivo, necessita muito espaço para gastar com sua energia, precisa descobrir a diversidade do mundo que quer explorar. Seu caráter alegre, generoso e social granjeia-lhe a simpatia dos demais, mas ela, ao mesmo tempo, mostra-se exigente, buscando constantemente aprovação, confirmação, elogios e sorrisos. Projetando-se para o exterior, buscará sempre estar rodeada da maior quantidade possível de amigos. Por sua vitalidade, é estimulada a estar sempre em movimento. Uma criança assim não deve ficar todo o tempo só com seus pais, pois necessita da companhia de outras crianças da sua idade.

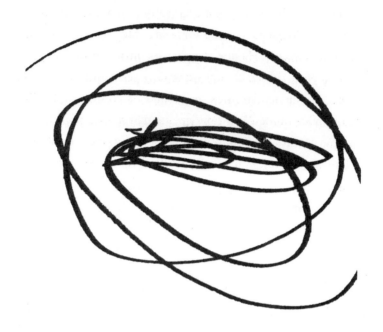

Este traço do seu caráter permite-nos não só conhecê-la, mas também descobrir qual será a melhor forma de educá-la, por exemplo, favorecendo seu encontro com amigos ou concedendo-lhe todo o espaço necessário para que possa exteriorizar sua energia vital. Desse modo evitaremos que surjam nela momento de melancolia ou essa agitação nervosa e contínua que frequentemente impele os pais a dizerem: "Mas será que você nunca vai ficar quieto?" E ao contrário, a criança que garatuja fazendo **ângulos, arestas e movimentos comprimidos** não está revelando um **temperamento introvertido**. Por natureza, necessita espaços limitados, mas seguros e protegidos. Canalizará sua energia para certos jogos selecionados que a satisfarão. Não tem necessidade de muitos amigos, ainda que seus centros de interesse possam ser múltiplos.

Estamos diante de uma criança que não gosta muito da confusão, pelo que não é bom forçá-la a integrar-se num grupo contra sua vontade. Há que respeitar sua introversão, pois compõe uma parte do seu caráter e não deve ser confundida com a tristeza, a melancolia ou os problemas de comunicação. Este traço implica numa certa timidez que não se originou de uma educação equivocada, senão, melhor, de uma grande sensibilidade. Tem por fim dirigir a criança a considerar seu entorno como um apoio.

## O ponto de início

Quando a criança começa a garatujar, o normal é que comece **na área central** do papel, o que lhe permite experimentar seu natural egocentrismo. Desta forma, expressa também seu bem estar, sua alegria e a felicidade de sentir-se o centro de interesse do adulto. Para ela, não há nada mais satisfatório do que essa sensação.

Quando inicia sua garatuja na **periferia do papel**, talvez estejamos diante de uma inibição ou de uma sensação de estranhamento diante do entorno. É como se algo a impedisse de explorar, como se experimentasse algo que freia a expansão dos seus sentimentos.

O fato de iniciar a garatuja pela direita ou pela esquerda do papel também tem um significado. No primeiro caso, mostra a necessidade de apegar-se a um passado feliz, quer dizer, ao período que passou no ventre da mãe.

No segundo, trata-se de um desejo de crescer, de ir ao encontro dos demais e de experimentar a amizade.

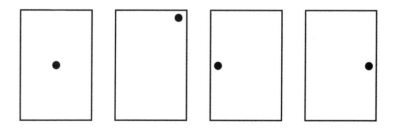

# O traço

Pode ter um aspecto regular (seguro e fluido) ou irregular (dubitativo e descontínuo).

O traço regular representa a imagem de uma criança que, baseada no afeto que recebe, afronta com entusiasmo a realidade. Não tem dificuldade de integrar-se em entornos diferentes do modelo familiar, como pode ser o jardim da infância. Entra em contato espontâneo e imediato com as demais crianças.

**O traço irregular**, não obstante, indica que teme tanto separar-se da sua família como conhecer outras crianças. Normalmente se trata de uma pessoa tímida, com dificuldade de adaptar-se a situações novas e a novos contatos sociais. Inclusive pode chegar a pensar que seus pais a obrigam a ir à escola porque querem afastá-la deles.

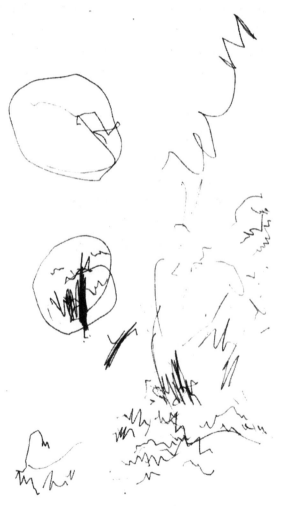

As características do traço gráfico indicam-nos como devemos utilizar a mensagem que a criança nos transmite para tranquilizá-la por meio da ternura e da proximidade física e para dar-lhe a sensação de calor humano que lhe permitirá vencer a ansiedade. A sensação de segurança que a mãe e o educador podem dar-lhe garantirá a estabilidade afetiva que é indispensável para lograr um desenvolvimento harmônico. Um entorno com ansiedades gera, inconscientemente, medos na criança, pois ela absorve a ansiedade, e seu sentimento de dependência se reforçará até o ponto em que possa chegar a ser incapaz de confiar na realidade exterior. O traço irregular e entrecortado mostra precisamente esse perigo, transmite-nos a mensagem do medo um desejo de proximidade física com os pais (que pode traduzir-se em querer dormir na mesma cama que eles).

Nossa finalidade é descobrir o quanto antes possível a mensagem real que a criança nos transmite, a fim de poder, o quanto antes, falar a sua linguagem.

## A pressão

**Um traço muito marcado** revela-nos uma criança com muita energia vital, sua maneira de afrontar a realidade, a sensação de segurança que a referida energia lhe dá e também certa capacidade para dominar o entorno.

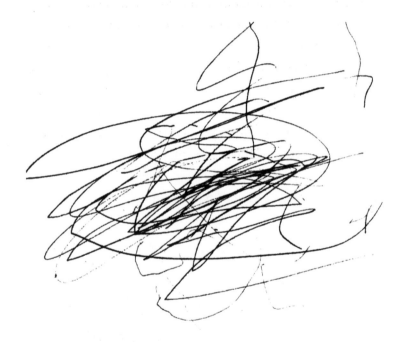

A poderosa energia psicofísica permite-lhe ser ativo e dinâmico. É uma criança continuamente em movimento que encontra no jogo "a válvula de escape" para sua vitalidade excessiva. Se cotarmos seus movimentos, poderá desenvolver agressividade, atacando tudo o que a rodeia: objetos, animais, brinquedos e inclusive outras crianças.

**O traço ligeiro** mostra-nos um sujeito com uma sensibilidade particular, por meio da qual pode já manifestar em seu comportamento certa tendência à timidez e à inibição. Ao cansar-se facilmente, essa criança tem necessidade de descanso e de tranquilidade. Este traço mostra-nos também certa dificuldade para estabelecer contato imediato com seu entorno. O adulto deverá limitar suas atividades, evitando encaminhá-la por força às atividades esportivas ou de outro tipo que possam ser demasiado pesadas para ela. Muito pelo contrário, dever-se-ia valorizar sua imaginação, do mesmo modo que a riqueza dos seus sentimentos e sua necessidade de afeto. Trata-se de uma criança delicada inclusive no plano das relações, que suporta mal as decepções procedentes do entorno. Por isso, evita a confrontação e, diante da agressividade dos seus companheiros, fecha-se sobre si mesma, por timidez.

## A forma

**No círculo**, a criança projeta a primeira imagem conhecida: o rosto humano. Mais tarde, acrescentará os olhos, o nariz etc. É nesse momento que o círculo tomará um aspecto visual e um significado simbólico. Essa simples forma geométrica é também a expressão do processo da adaptação. O educador ou os pais podem, ver neste traço gráfico, a capacidade da criança em sentir-se bem com os demais. O que garatuja com traços encurvados está demonstrando uma natureza aberta e entusiasta, assim como um desejo de comunicar-se com os demais. O movimento do traço circular é harmônico e extensível, desprovido de tensões, reflete uma motricidade fácil e solta. Representa simbolicamente "a roda" ou "o brinquedo de roda", brinquedo que constitui uma etapa fundamental no seu desenvolvimento.

A garatuja expressa a necessidade que a criança sente de atuar e mover-se no seu entorno familiar. Pouco a pouco, adquirirá soltura sobre o papel, espaço simbólico sobre o qual agora se desloca. Por isso, a criança que garatuja com facilidade e soltura está nos mostrando um caráter sociável, adaptável, alegre e disposto, ao mesmo tempo que se sente segura.

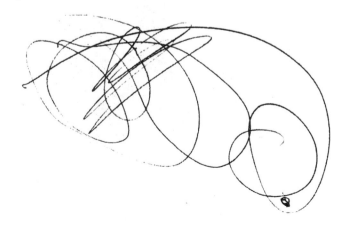

**O ângulo** indica tensão, resistência e necessidade de ajuda sem reprovações. Está nos dizendo que algo feriu a criança. Ao mesmo tempo, porém, pode assinalar-nos tensões decorrentes de fatores muito diversos. Pode tratar-se de uma criança especialmente sensível ou tímida, que necessita constantemente de apoio, talvez esteja atravessando uma difícil adaptação a situações novas (como o nascimento de um irmão ou o início do jardim da infância). Esse tipo de dificuldade manifesta-se, sobretudo, nas crianças introvertidas e trata-se de algo absolutamente normal. O importante é que saibamos que por meio dessas garatujas a criança está expressando uma ofensa, um medo ou uma impressão que lhe resulta muito difícil ou impossível manifestar de outro modo.

Às vezes, basta que lhe peçamos que realize uma tarefa ou um esforço quando se encontra cansada para que, sentindo-se incapaz de realizá-lo e diante do receio de ser rejeitada, caia no desânimo. É uma situação normal, sempre que não se transforma em angústia.

Novas experiências, como a separação momentânea da mãe, podem ser interpretadas pela criança como uma recusa ou uma diminuição no afeto, sobretudo se vêm acompanhadas pelo nascimento de um novo irmão. Nesses casos, costuma exteriorizar sua mensagem com um gesto que pode parecer furioso ou iracundo.

A garatuja composta de **traços pontiagudos**, esparramados aqui e acolá, indica uma vida emocional especialmente intensa, trata-se de uma petição de contato originada de uma preocupação concreta. Esse tipo de traço costuma indicar o medo de abandono. A criança teme que o objeto gratificante, sobretudo a mãe, desapareça e já não possa protegê-lo.

Se a mãe ou quem a substitui lhe der atenção e segurança, o referido medo desaparecerá. Caso contrário, se ampliará, e a criança poderá cair em angústia. Esse tipo de situação também pode surgir quando, pequena, vê-se obrigada, por motivos de saúde, a jejuar ou a ser hospitalizada. Não possui, todavia, a capacidade de discernir a motivação nem a finalidade dessas circunstâncias.

Para a criança emotiva lhe falta confiança nos seus próprios recursos e, por isso, com frequência se sente frustrada. O fato de ajudá-la a administrar suas emoções, sobretudo por meio de confirmações positivas, lhe permitirá reforçar sua autoestima e estabelecer em si mesma uma sensação de segurança.

Uma garatuja formada por **linhas rotas** evoca medo de uma separação dos objetos do seu amor: a mãe, o pai, a casa, os brinquedos, os irmãos etc. Às vezes, é muito pouco o que faz falta para que caia na agitação. Se a figura que lhe transmite segurança se afasta, a criança põe-se a chorar e exige sua presença. Nesses casos, a agitação apodera-se dela, ao mesmo tempo que o medo de ser abandonada. Um desenho com traços angulosos e linhas rotas mostra-nos uma criança colérica porque não está obtendo o que deseja, ou melhor, porque teme perdê-lo. Uma garatuja em **forma de novelo** indica um trauma, um medo de "sair". A criança encerra-se como no útero a fim de proteger-se dos golpes e dos atos inapropriados.

O parto não é a única experiência traumática do recém-nascido. Imediatamente após isso, ele sofre uma transformação enorme e é abordado pela maré de estímulos externos. Se esse fenômeno não é rebatido por uma sensação de bem-estar, o trauma inicial pode perdurar muito e marcá-lo profundamente. A garatuja anterior nos mostra uma criança vergada sobre si mesma por causa do sofrimento e ao mesmo tempo é uma chamada pedindo ajuda para desenrolar a meada da sua vida. Descobrir o problema da criança por meio das suas garatujas é o primeiro passo para evitar que seja criada em mecanismos de defesa inadequados.

# Da garatuja ao desenho
### (entre três e os quatro anos)

# Uma nova etapa

Após a fase de garatujas, que ocupa o primeiro período das experiências gráficas da criança, esta, ao mesmo tempo que amadurece sua estrutura psicomotora global, elabora espontaneamente, pelo menos, dois tipos de expressões: **as formas e as figuras**, às quais associa expressões verbais e comentários que com frequência surpreendem os adultos. Trata-se de um tipo de comunicação complexo e estruturado desenvolvido pela criança de uma maneira ativa e por meio do qual o mundo é simbolicamente assimilado e circunscrito aos limites de uma folha de papel. Dessa forma, a criança pode expressar emoções como: ciúme, cólera, amor, paixões e desejos. Ao mesmo tempo, pode situar as personagens ao seu gosto, excluí-los, engrandecê-los, apagá-los etc.

É uma confirmação da sua onipotência natural. Se, seguidamente, sua mãe, seu pai ou a professora expressam seu apreço pelo que faz, nascerá ou se reforçará nela um sentimento de segurança e autonomia.

A verbalização da garatuja, junto com a intenção representativa e um aperfeiçoamento paulatino das formas, é o caminho para um grafismo mais maduro.

# Evolução das formas e das figuras

Nos desenhos das crianças entre três e quatro anos observamos normalmente dois tipos de representações: **formas e figuras**.

## As formas

São uma consequência direta da garatuja livre e permitem à criança explorar o espaço de uma maneira mais consciente e segura.

Nesta fase vemos como, a partir de formas muito simples, surgem outras novas e mais complexas. Observamos como nascem cruzes repetidas e originais, ao mesmo tempo que se elaboram estruturas mais rebuscadas e personalizadas. Tudo isso implica certa habilidade manual, seja em razão da prática ou de um dom inato. Essa transformação do grafismo usualmente começa com o início da sua educação escolar.

Desenho livre

É a fase da geometrização, da tendência a repetir, uma e outra vez, formas simples, construções de arabescos e cenas onde evoluem personagens reais ou imaginários, nas quais qualquer coisa pode acontecer, contanto que tenha relação com a vida e as experiências que a criança experimenta no plano emocional.

Enquanto evolui com liberdade e maestria sobre o papel, a criança está experimentando a vida: aprender a conhecer as direções, o acima, o abaixo, a esquerda, a direita, o à frente e o atrás, o passado e o futuro. Ao ir realizando formas cada vez mais pessoais e complexas, vai se estruturando nas aptidões específicas, orientadas para uma finalidade que colabora com sua maturidade integral.

## As figuras

Nascem de um aperfeiçoamento das formas e de um melhor sentido estético. Ainda que a autocrítica não seja, todavia, um freio para sua espontaneidade gráfica, a criança já compreende que, quanto mais se parecer como a realidade que quer representar, melhor será seu desenho interpretado e apreciado.

Um sorvete

Desse modo, a personagem vai se preenchendo de detalhes que expressam o esquema corporal elaborado pela criança e transferido ao papel.

A casa pode mostrar sinais de vida com uma grande abundância de detalhes ou pode nos dar uma impressão de abandono, com um aspecto extremamente desolado. A árvore toma forma e dimensões muito diversas e ao seu lado podem aparecer elementos novos, como o sol, pássaros, nuvens, flores e plantas.

Encontraremos também desenhos distintos dos habituais, como automóveis, aviões, carros de assalto etc., que formarão cenas complexas da vida cotidiana da casa ou de guerra.

## Composições e cenas complexas

O papel aqui utilizado é como um cenário sobre o qual evolui o lápis que representará, em sequências quase cinematográficas, atrativos da vida cotidiana ou cenas totalmente imaginárias.

## 52 :: Garatujas: Rabiscos e Desenhos

O menino pode ter tendência a representar cenas de caça ou de guerra, enquanto que a menina costuma ser mais apegada à família e ao mundo da natureza ou do campo. Essa diferenciação conforme o gênero parece perdurar, apesar das mudanças ocorridas nos costumes e da aparente uniformidade laboral nos sexos.

# A representação de objetos mecânicos

A aparição de personagens e desenhos desconhecidos há algumas décadas obriga-nos a abrir um capítulo especial para esse tema, que afeta as crianças entre três e quatro anos e também as maiores.

Em nossa sociedade, **o carro** é um símbolo de rapidez e de poder. As crianças são os que, com mais frequência, desenham carros em que elas ou seu pai figuram ao volante.

Quando uma criança pinta automóveis repetidamente, indica que está tratando de medir suas próprias forças e sua independência com relação à realidade exterior. É uma amostra da sua vontade de autonomia. Sente necessidade de separar-se de modelos demasiadamente opressivos ou inclusive, de crianças da sua idade, mas excessivamente infantis. O que ela quer é crescer mais rapidamente.

**Os barcos** representam, por um lado, a necessidade de evadir-se, e, por outro, de proteção.

No seu deslizar sobre a água, a mensagem que o barco transmite é a de uma criança que quer ser embalada pelas "ondas maternais". Nesse caso, estaremos diante de alguém sensível, que tem necessidade de segurança. Contudo, não suportará restrições que a impeçam de dar livre curso à sua imaginação.

**O carro de assalto ou tanque** é uma expressão de força que usualmente tenta encobrir uma fragilidade interior. Também expressa agressividade. A criança está preparada para apontar seu "canhão" para todo aquele que, de uma forma real ou imaginária, fira sua suscetibilidade.

Esse tipo de desenhos pode igualmente indicar-nos uma angústia ou certo medo da figura do adulto. O caráter dessa criança se reforçará tão progressivamente a levemos a uma autonomia maior, ainda que sem reprimir as "descargas" próprias da infância. Não nos esqueçamos de que o carro de assalto, ainda que seja uma arma ofensiva, é também uma poderosa arma defensiva.

**O avião e o míssil** possuem características similares às do carro e do barco, indicam uma necessidade de mover-se, de explorar, de sonhar com os céus e com realidades fantásticas.

Como o carro, o avião é um meio de transporte que permite "escapar-se", e as crianças que os desenham costumam falar deles com entusiasmo, exagerando a realidade. São indivíduos que inventam histórias para interessar aos demais. Essas histórias, desgraçadamente, são consideradas pelos adultos como mentiras, quando na realidade não são mais do que o fruto justificado, pelo menos em certa idade, de um exibicionismo egocêntrico natural. O caráter da criança que desenha aviões constantemente é sonhador, apaixonado pela amizade e pelas questões espirituais, com pouco senso prático, por isso, às vezes, será necessário lembrá-lo de que ponha os pés no solo.

Atualmente os **robôs e as personagens do espaço** que simbolizam solidão, espírito prático e ação costumam estar muito presentes nos desenhos infantis.

A criança que desenha esse tipo de personagens metálicos costuma ser concreta, realista e sólida em todos os aspectos, inclusive no plano emocional. Como ocorre, porém, com todos os símbolos, encontramos a outra face da moeda; esses desenhos, na realidade, expressam igualmente atitudes reacionárias, um desapego do mundo e dos adultos e um corte na comunicação que terminará por funcionar "a golpes". Essa criança necessitará de apoio afetivo para encontrar o equilíbrio justo.

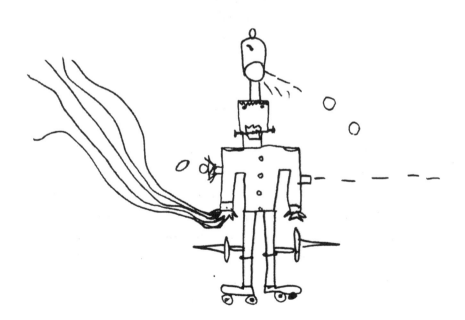

## Os desenhos de animais

Se pedirem a uma criança que desenhe um animal, é muito possível que sua escolha lhes revele certos aspectos do seu caráter, ou melhor, determinados desejos do seu inconsciente.

### O gato

A criança que escolhe o gato tem como característica fundamental a amabilidade, mas também a astúcia. É, por sua vez, encantadora e insinuante. Agrada-lhe a vida tranquila, e sua agressividade adota uma expressão aveludada. Há de se ter cuidado de não ofendê-la demasiado, pois pode mostrar suas garras com rapidez. É amigável e quase sempre muito apreciada pelas crianças da sua idade, pois inspira confiança. Possui curiosidade intelectual, vivacidade e grande rapidez de reação, o que lhe permite ocupar a posição de "líder".

### O cão

A criança que escolhe desenhar um cachorro apresenta um caráter bonachão, leal e depende afetivamente dos que a rodeiam. Sua generosidade está baseada na necessidade de ver-se rodeada por muitos amigos para brincar e divertir-se. Quando não logra despertar a simpatia dos seus companheiros, é possível que caia na tristeza, passando momentos de verdadeira melancolia. Ainda que costume ser generosa, é também possível que diante de certas petições se ponha a renegar, mas isso passa rápido. Uma das características típicas dessas crianças é a sua atitude para "farejar", quer dizer, captam os demais, num abrir e fechar de olhos. Por isso podem transformar-se em bons investigadores, policiais, psicólogos ou detetives.

## A cobra

É mais raro que o animal escolhido seja uma cobra, inclusive que as crianças representem esse animal de forma espontânea em seus desenhos. A cobra é um símbolo da sexualidade e tem sido sempre considerada um animal mágico, por sua faculdade de mudar de pele e assim renovar seu aspecto. Por isso, este símbolo costuma aparecer na adolescência: ao crescer, a criança muda de aspecto e transforma-se, tanto externa como internamente. A criança que desenha serpentes caracteriza-se por um dom para o cálculo e uma grande prudência. Dificilmente expressará seus sentimentos, tem uma grande memória e fala muito pouco, pois antes de fazê-lo, medita e calibra a pessoa que tem diante de si. Geralmente é muito responsável e sua força de caráter permite-lhe evitar obstáculos.

## Animais ferozes

A característica fundamental da criança que desenha animais ferozes é a agressividade, que utiliza principalmente para vencer os obstáculos. É uma criança que adotará atitudes de força que a converterão num bom dirigente. É impulsiva, cheia de vida e orgulhosa. Busca continuamente a autonomia. Dificilmente aceitará o papel de um simples soldado e assim mesmo pode reagir com força e distanciar-se dos demais. Fundamentalmente, assim se manifesta, na sua existência, a presença de uma autoridade temida ou demasiadamente exigente.

## Os macacos

A representação de monos revela uma personalidade inteligente e, por sua vez, ingênua e astuta. Quando chega à idade adulta, a criança terá sempre algo de inocente e alguma habilidade excepcional. Ela mesma se surpreenderá com seus próprios êxitos que serão, em grande parte, decorrentes do seu caráter otimista, da sua autoestima, da sua intuição. A criança que desenha muitos monos pequenos possui geralmente diversos centros de interesse. Sua versatilidade lhe permitirá comprometer-se com profissões muito diversas, sempre que não tenham elas nada de rotineiro ou repetitivo.

## O cavalo

Este animal simboliza energia, poder e precocidade, inclusive sexual. A criança que gosta de desenhar cavalos é infatigável, dotada de vitalidade contagiosa e de um espírito alegre e despreocupado. Agradam-lhe os grandes espaços abertos e, por isso, prefere viver ao ar livre. Ávida de liberdade, não tolera as "rédeas" que impeçam galopar pela vida. Se ela se obriga a viver num entorno mentalmente reduzido, sentirá que está atada de pés e mãos, e seu humor se exacerbará. É boa oradora e sabe escolher oportunamente. Poderia ter muitos feitos nos negócios.

## O dragão

O dragão é também um símbolo de poder. A criança que o desenha possui um temperamento voluntarioso, assume suas obrigações com seriedade e trata valorosamente de resolver as situações mais complexas. Possui uma grande vivacidade intelectual e uma notável intuição. É aberta, sociável e um pouco vulgar nas suas manifestações. Vence com otimismo as dificuldades que encontra e tem também necessidade de dispor de numerosos centros de interesse, a fim de desenvolver continuamente suas qualidades internas. Em espaços fechados, pode tornar-se agressiva e "lançar fogo" sobre aqueles que o rodeiam.

## Os peixes

O peixe é um símbolo fálico, mas igualmente simboliza a alegria. As crianças que desenham peixes costumam ter um caráter alegre, sereno e um pouco fantasioso. Será necessário ajudá-las para que logrem um melhor domínio de si mesmas e evitem converter-se em presas de outras crianças mais astutas.

## Os passarinhos

Os passarinhos indicam a necessidade natural da criança de sentir-se atendida e animada, mas também de buscar fora do ambiente familiar o espaço que lhe permitirá mover-se e encontrar novos contatos e amizades.

# O desenho

# A representação gráfica dos sentimentos

Para a criança, o desenho é a expressão concreta dos seus sentimentos e emoções. Um pequeno traço, uma mancha, uma flor sem folhas, uma minúcia pode ser suficiente para descrever seu mundo. Graças à análise do desenho das crianças, podemos compreender o que ela quer dizer a respeito dos seus pais, da sua família, do seu crescimento e, sobretudo, da sua maneira de relacionar-se com o mundo: como o percebe e como queria que ele fosse.

Os desenhos das crianças falam-nos a todo tempo: o sol representa o papai, a casa, a mamãe, a árvore sou eu, as pessoas simbolizam a família etc.

O uso das cores tem também um grande significado, pois geralmente nos fala da energia vital e da afetividade.

Geralmente, podemos dizer que a criança, inclusive quando se lhe deixa em total liberdade para desenhar como queira, tem tendência a excluir dos seus desenhos os objetos "televisivos" (robôs, monstros etc.), centrando-se na árvore, nas flores, na casa e nos animais. Isso nos está falando da sua necessidade de viver numa maior intimidade seus anos de crescimento. Parece que exige a presença dos pais. Quer, também, que o tempo passado com eles seja menos breve. Dizem-nos com clareza que seu pai e sua mãe podem ir trabalhar fora, mas que quando voltam para casa, devem ocupar-se dela, sem passar o tempo falando ao telefone, ou vendo a televisão, mas, sobretudo, prestando-lhe atenção. É possível que um desenho possa expressar tudo isso? Pois sim, com um sol sem raios, uma casa sem janelas ou uma chaminé sem fumaça. Com nuvens negras, das quais caem escuras gotas de água e com seu próprio rosto de cor vermelha escarlate, as crianças participam-nos sua tristeza e sua melancolia. A interpretação dos desenhos, ainda que existam certas regras gerais e básicas relacionadas com o simbolismo universal, estará sempre muito relacionada com sua idade. Por exemplo, a ausência de colo é natural numa criança de cinco anos, porém, não é numa criança de onze ou doze meses.

## O teste da personagem

Ao desenhar uma silhueta humana, a criança representa-se inconscientemente a si mesma, expressando a percepção que tem do seu esquema corporal e dos desejos que o acompanham. Usualmente, é fácil ver as semelhanças entre o boneco desenhado e as características pessoais do desenhista.

Se a personagem foi traçada com uma boa posição no espaço, se suas formas estão bem-proporcionadas, quer dizer, se o conjunto foi definido de maneira estruturada, significa que a criança tem um crescimento harmônico e adaptou-se bem à realidade do entorno. E ao contrário, se a criança desenha um homenzinho pequeno, perdido no papel, com traço fraco ou trêmulo, poderia indicar uma baixa autoestima, que se sente pouca coisa e se considera inferior às demais crianças. A ausência de certos órgãos corporais, as constantes manchas, as interrupções no traço e o posicionamento incorreto das extremidades assinalam insegurança. Se o adulto percebe em tempo essas indicações, poderá não fazer diagnósticos catastróficos, senão, simplesmente, reforçar a autoestima da criança e tornar possível sua confiança em si mesmo. Poderá também evitar que a criança, ao sentir-se pouco dotada, coíba seu próprio potencial de expansão.

## Como realizar o teste

Materiais que devem ser postos à disposição da criança:
- um lápis;
- uma borracha;
- um apontador;
- sete lápis de cor: azul, verde, vermelho, amarelo, violeta, marrom e negro;
- várias folhas de papel sem quadriculados.

Não se admitirão instrumentos como régua, compasso etc.

Deve-se dizer à criança: "Desenhe uma personagem, a mais bela possível. Se quiser, também pode usar os lápis de cor".

Como é prática em todo teste, deve ser **evitada qualquer intervenção** que possa modificar a escolha da criança. Pelo contrário, é bom animá-la: "Muito bem! Assim vai melhor. Continue tranquilamente".

Se a criança fizer alguma **pergunta sobre a forma de realizar o desenho**, deverá responder-lhe assim: "Faça como você quiser. Como você fizer, estará benfeito". Ao terminar, deverá pôr seu nome, sua data de nascimento e a data do dia em que realiza esse desenho. Se ela não puder identificá-lo, o faremos em seu lugar.

Aos menores, que poderiam ter **dificuldade na compreensão da palavra "personagem"**, pode-se dizer: "Desenhe um papai, uma mamãe, um menino ou uma menina. Pode desenhar o que quiser".

É usual que os mais dotados ou os maiores desenhem **personagens estilizados ou dos desenhos animados**, a fim de evitarem que se envolvam a si mesmas. Tais desenhos não servem para o teste, ainda que tenham um significado concreto: a recusa das crianças de expor-se ante os olhos dos demais.

**Não há limite de tempo** para executar o desenho. A criança terá liberdade para **riscá-lo** ou **modificá-lo**. É aconselhável observá-la atentamente e anotar alguns detalhes: **a sequência de execução das personagens**, a **atitude**, o **comportamento espontâneo** da criança, o **tempo** dedicado ao desenho e a **quantidade de folhas** utilizadas.

As crianças com pouca segurança em si mesmas buscarão **modelos para copiar** em vez de plasmar personagens surgidos da sua própria imaginação. Por isso, quando o teste se realiza em grupo, é necessário que se sentem o mais afastados possível uns dos outros, a fim de que se reduzam ao máximo os riscos de que se copiem ou se influenciem. No espaço destinado à aplicação dos testes individuais, deve-se assegurar de que **não haja à vista quadros ou representações humanas que a criança possa utilizar como modelos**. Caso se decida realizar um retrato do examinador, é bom evitá-lo, sempre se levando em conta sua sensibilidade. Se isso não for possível, depois de terminado o desenho, pode-se dizer a ela: "Agora desenhe uma personagem totalmente inventada por você".

## Evolução do desenho

O teste da personagem nos permitirá fazer uma ideia aproximada, mas bastante justa, do crescimento psicofísico da criança e do nível de evolução gráfica logrado por ela. Na tabela seguinte figuram as etapas dessa evolução. Como verá, em alguns aspectos da representação humana, há uma clara diferença entre os meninos e as meninas.

**Cuidado:** as datas que figuram nesta tabela são aproximadas. É possível que a criança não se ajuste exatamente, em todas as suas fases, a este modelo de desenvolvimento.

| Menina | Menino |
|---|---|
| Três anos ||
| homem de cabeção | homem de cabeção |
| Quatro anos ||
| cabeça, olhos, tronco, braços, pernas | cabeça, olhos, desenho orientado |
| Cinco anos ||
| boca, nariz, braços pegados ao corpo, pés, roupas coloridas | nariz, corpo largo, braços, braços pegados ao corpo, pés, roupas coloridas |
| Seis anos ||
| cabelo, corpo largo, braços formados por dois traços, pernas formadas por dois traços, calça ou saia, sapatos | cores do rosto realistas, boca, perfis com lápis, braços formados por dois traços, pernas formadas por dois traços, calça |

| Menina | Menino |
|---|---|
| Sete anos | |
| cores do rosto realistas, perfis com lápis, dedos | dedos, sapatos |
| Oito anos | |
| olhos elaborados, corpo bem-delineado, colo, braços proporcionados, pernas proporcionadas, posição correta dos braços, pernas flexíveis, mangas e calça da mesma cor | braços proporcionados, pernas proporcionadas |
| Nove anos | |
| boca elaborada, colo bem-definido, sexo definido, cintura | boca elaborada, nariz elaborado, corpo bem-delineado, sexo definido, posição correta dos braços |
| Dez anos | |
| olhos de igual tamanho, ombros, cabeça bem-proporcionada, palma da mão, cinco dedos, idade reconhecível | olhos elaborados, palma da mão, pernas com formas mais anatômicas, posição natural dos pés, pernas e calça da mesma cor, idade reconhecível |
| Onze anos | |
| olhos à mesma altura, penteado, posição natural dos pés | olhos de igual tamanho, colo, ombros, estatura |
| Doze anos | |
| olhos na mesma altura, olhos com três detalhes, pupilas, boca vermelha | olhos do mesmo tamanho, pupilas, penteado, figura personalizada |

## Análise do desenho

Deve-se analisar o desenho de uma personagem seguindo uma trajetória que nos permita compreender os aspectos gerais da personalidade da criança ou certas particularidades que possam nos ajudar a compreender os motivos do seu comportamento.

## Disposição no papel

A disposição do desenho no papel costuma ser interpretada conforme uma norma conhecida como "simbolismo espacial" que assinala para cada área do papel um significado específico e concreto.

| | | | |
|---|---|---|---|
| Área superior **pensamento** | recordação | imaginação | sonho |
| Área mediana **realidade, naturalidade** | laços com as origens | egocentrismo | eu projetado para o futuro |
| Área inferior **materialidade** | medo | insegurança | desejo |
| | Área esquerda passado | área central presente | área direita futuro |

Para que as conclusões a que cheguemos, conforme a posição da personagem, na folha de papel, sejam validadas, a escolha realizada pela criança deverá ser habitual nela, e não em razão de algum acontecimento ou interferência externa..

Podemos subdividir a folha em nove partes; cada uma delas corresponde a uma realidade que caracteriza a forma de ser da criança, suas tendências, sua atitude fundamental diante da vida e no entorno exterior.

A decisão de situar o desenho nas diversas áreas do papel, além das características psicológicas da criança, dependerá da sua idade e do seu estado emocional e afetivo presente. Assim, um desenho situado acima à esquerda não só assinala uma tendência na criança a apegar-se às recordações, como também nos indica igualmente certa timidez, ou melhor, uma inibição relacionada com experiências negativas: talvez um comparecimento no hospital, uma enfermidade, um abandono, ou mais simplesmente, exigências excessivas por parte dos pais ou dos educadores. A criança expressa desse modo seu desejo de escapar das responsabilidades do presente, voltando-se para o passado.

Com referência à subdivisão vertical, as crianças menores têm tendência a utilizar, sobretudo, a área inferior, onde se sentem como protegidas, pelo menos até os três anos, para passar, em seguida, à área central, que costumam, quase todas, ocupar até os sete anos.

## Dimensões do desenho

A dimensão total da personagem desenhada na folha de tamanho normal (21 x 27 cm) está diretamente relacionada com a percepção que a criança possui de si mesma, do seu corpo e da sua imagem no entorno. Há que se tomar a medida partindo do alto da cabeça, incluindo o cabelo ou o chapéu, até os pés.

**Tamanho pequeno:** Indica uma percepção negativa de si mesmo. A criança considera-se muito pouca coisa, tem tendência a desvalorizar-se e a não crer em suas próprias forças. Teme qualquer confrontação com os demais e com o entorno. É um sinal de timidez.

**Tamanho grande:** Quando a personagem ocupa mais da metade do papel, indica-nos um sentimento de segurança e de confiança em si mesmo. Um caráter extrovertido e exuberante, que nos casos extremos pode resultar invasivo.

**Tamanho justo:** Trata-se de uma figura entre oito e dezoito centímetros. É necessário precisar que, em função da idade e do sexo, pode haver diferenças muito significativas.

Nos primeiros anos (três ou quatro), as crianças têm tendência a desenhar personagens maiores. É uma expressão da sua necessidade de mostrar precocemente, ainda que seja de um modo inconsciente, sua superioridade, especialmente, sua superioridade física. Não obstante, nas meninas, o tamanho dos desenhos vai aumentando com a idade; assim, ao chegar à puberdade, desenham personagens maiores do que os meninos. É o momento em que a necessidade inconsciente de gostar se faz maior.

Na menina, o aumento das dimensões da personagem é constante, enquanto que nos meninos passa por dois momentos críticos: o inicial, entre os cinco e os seis anos, e o seguinte, na puberdade. Sem dúvida, esse fenômeno está relacionado com a evolução do âmbito emocional e sexual. O primeiro momento crítico tem a ver com a evolução do domínio de si mesmo para acoplar-se às normas impostas pelos pais, com uma maior consciência de si mesmo. O segundo, na puberdade, tem origem no medo de crescer e separar-se da mãe e renunciar aos privilégios da infância. Neste ponto se manifesta uma espécie de regressão, que no desenho se traduz numa diminuição das dimensões da figura humana. Há que se acrescentar, além do mais, o fato tipicamente cultural de que as meninas, inclusive hoje, são mais autônomas do que os meninos.

## As proporções

Referimo-nos às proporções entre a cabeça, o tronco e as extremidades, assim como entre os diversos detalhes destes elementos, por exemplo, entre o tamanho dos olhos e do rosto, ou também entre o das mãos e o dos braços.

Não há regras precisas que estabeleçam a proporção justa, proporção que a criança irá adquirindo, à medida que vai aperfeiçoando suas habilidades gráficas, em conformidade com seu desenvolvimento geral. As seguintes "desproporções" têm um significado particular:

**Cabeça grande:** Indica uma grande necessidade de mudança, quer seja em nível nutritivo (rosto amplo = boca grande), quer seja em nível de comunicação. É frequente que as crianças que desenham personagens com a cabeça muito grande gostem de destacar-se, com atitudes, às vezes, um pouco exibicionistas.

**Cabeça pequena:** Pode indicar experiências difíceis vividas no momento do desmame; uma convalescença no hospital, uma intolerância alimentícia, ou um regime imposto por problemas gastrointestinais, mas também pode significar uma falta de apetite.

**Pescoço muito largo:** Um pescoço excessivamente largo indica uma necessidade de explorar, de dar-se conta do que ocorre ao seu redor para, em seguida, poder criar, com sua própria imaginação, um mundo de sonhos e de gratificações. É uma criança que tem tendência a separar-se da realidade.

**Braços compridos:** Evidenciam uma necessidade de comunicar-se, de conhecer, de tomar em seus braços todas as pessoas e todos os objetos. Indicam igualmente uma afetividade exuberante e um caráter conciliatório, a menos que não haja outros elementos indicadores que possam evocar agressividade, como garras em lugar de mãos, punhos cerrados, dentes que se sobressaem, boca vermelha ou muito remarcada etc.

**Braços curtos:** A criança expressa desse modo seu medo de encontrar-se com os outros, sua insegurança e sua timidez natural; todas estas são características que podem dificultar suas relações sociais. É necessário dar-lhe segurança e possibilitar-lhe relações serenas e tranquilas.

**Mãos grandes:** As mãos servem para acariciar, manipular e tocar, mas também para pegar; por isso, podem ter um significado bivalente, ainda que em todos os casos nos indiquem a necessidade de intercâmbios e contatos intensos e frequentes.

**Pernas longas:** A função das pernas é aportar ao corpo estabilidade e movimento. As pernas longas representam uma necessidade de firmeza e segurança. Se forem excessivamente longas, podem mostrar um desejo de crescer rapidamente para converterem-se o quanto antes numa figura adulta, o que é modelo, para a criança.

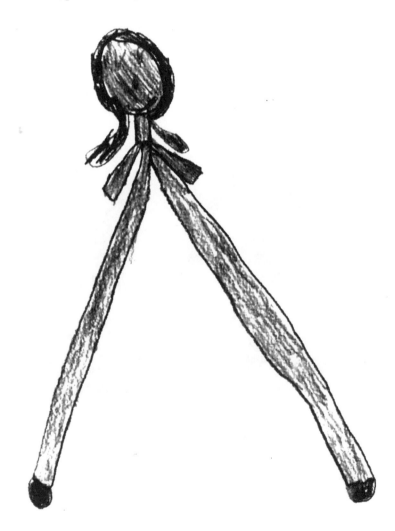

**Pernas curtas:** Indicam robustez, segurança e resistência física. Nesse caso, estamos diante de uma criança que tem os pés na terra.

**Olhos grandes:** Simbolicamente, os olhos são "as janelas da alma". Quando são grandes, evidenciam na criança, uma vontade de dominar o mundo que a rodeia e também sua curiosidade, o que se relaciona com os sentimentos e com as pessoas do entorno. Constituem, pois, um sinal importante na hora de ouvir as mensagens de rejeição que percebe nos adultos.

# O traço gráfico

A expressão "traço gráfico" define tanto a forma, que pode ser curva ou angulosa, como a pressão que a criança aplica sobre o papel, em razão da quantidade de energia psicofísica utilizada. Também define os resultados da referida pressão, que pode expressar-se como uma linha contínua e fluida, com claros e escuros ou fragmentada. O traço gráfico é um índice técnico que permite ao grafólogo, por uma parte, captar alguns elementos próprios de desenhista e, por outro, descobrir a presença de interferências, sobretudo emocionais, quer sejam procedentes da própria criança ou externas a ela.

## As formas

**A forma curva** indica uma criança dotada de uma notável capacidade de adaptação, É extrovertida e depende da opinião e da aprovação dos demais. Seu caráter aberto favorece a socialização com as outras crianças da sua idade e facilita sua adaptação às situações novas. Por isso, não se supõe para ela uma grande dificuldade estar num jardim de infância. É importante que os adultos levem em consideração o tipo das predisposições e evitem limitar ou coibir excessivamente essa tendência extrovertida da criança.

**A forma angulosa**, a utilização de ângulos na figura humana gera formas geométricas e angulosas, parecidas com os robôs. Essa criança tem tendência a destacar os contornos, modificando subitamente a orientação das linhas, o que gera traços angulosos quase por todas as partes. Essa forma de desenhar é típica dos que favorecem a vontade e a tenacidade mais do que a improvisação e o imediatismo e decorre de uma educação baseada na ordem e no domínio de si, ou talvez, simplesmente, a um temperamento agressivo que se opõe às exigências e às obrigações impostas pelo entorno. Essa tendência pode vir a ser reforçada por acontecimentos que alterem a tranquilidade da criança, como pode ser o nascimento de um novo irmão.

# A pressão

**Uma pressão ligeira** é indicativa de uma grande sensibilidade. São crianças nas quais um pequeno estímulo favorece o crescimento, mas quando este é negativo, pode reduzir sua capacidade para suportar as frustrações.

**Uma pressão forte** é típica da criança que afronta a vida e suas experiências com valor, entusiasmo e decisão. Não teme o entorno, está segura de si mesma e normalmente age de forma impulsiva, sem refletir.

**Uma pressão média**, quer dizer, nem excessiva nem insuficiente, mostra-nos um equilíbrio na energia dedicada a lograr os objetivos.

## Distribuição da pressão

**Contínua e fluida:** esse tipo de distribuição mostra-nos uma criança disponível, que confia naqueles que ama, que vive seus contatos sociais com capacidade de adaptação e que os experimenta com soltura. Seu caráter é aberto, sociável, afetuoso e pouco briguento, pois estamos diante de uma criança muito tranquila. A fluidez da pressão aumenta com a idade.

**Irregular com claro-escuro ou fragmentada:** estamos diante de uma pressão inconstante que mostra uma incapacidade de esforço continuado na criança, certa tendência à fadiga e à distração. Trata-se de alguém que necessita de segurança e não deve ser submetida a ocupações demasiado intensas nem continuadas.

## As cores

As cores da personagem são um índice de maturidade e nos permitem interpretar o desenho de uma forma mais precisa, sobretudo no que se refere ao âmbito emocional e afetivo da criança. Por isso, quando uma criança não utiliza as cores que pusemos à sua disposição, deveremos sempre perguntar-nos se está vivendo devidamente seu crescimento.

Até os cinco ou seis, é normal a utilização de cores que rodeiem a figura. A partir dessa idade, é cada vez menos frequente. Caso continue, haverá de se analisar se o crescimento afetivo e intelectual da criança está transcorrendo com normalidade.

Antes de examinar o significado das cores (demos a ela sete), analisaremos seu modo de utilização e intensidade. As cores pasteis, aplicadas de forma ligeira e uniforme, indicam-nos uma afetividade rica, sensibilidade, afabilidade e inclusive timidez. As **cores fortes e marcadas** mostram-nos sentimentos intensos, quer se trate de amor, quer de agressividade ou cólera, mas ao mesmo tempo nos mostram certa vontade para contar a vida.

Outro elemento que é necessário levar em consideração é o **realismo das cores** do desenho. A coloração insólita ou anormal de uma ou várias partes da personagem é uma mensagem que deveremos interpretar. Por exemplo, se vemos que a criança coloriu o colo de uma personagem com um vermelho intenso, isso pode indicar um trauma, uma enfermidade ou uma dificuldade física ou psicossomática relacionada com a garganta, a deglutição ou a respiração.

## O azul

**Palavras-chave: calma, serenidade, ausência de competição, entendimento.** Se dominar o azul, está nos indicando a existência de um grande controle sobre si mesma, mas se esta cor estiver demasiado presente (por exemplo: no solo, no fundo, no terreno, no lago etc.), poderá ser indício de enurese.

## O verde

**Palavras-chave: repouso, satisfação, equilíbrio, tranquilidade, esperança.** Se dominar o verde, existe um risco de preguiça e inibição. Não obstante, paradoxalmente, pode também significar uma tendência à rebelião, sobretudo se observarmos outros indicadores de agressividade (boca, dentes, mãos).

## O vermelho

**Palavras-chave: atividade, vivacidade, energia, ambição, vitalidade, emoção, excitação, paixão, valor.** Um vermelho **dominante** indica-nos exuberância, hostilidade, agressividade ou violência, com uma clara tendência à excitabilidade e a possíveis arranques de ira.

## O amarelo

**Palavras-chave: adaptação, energia, dinamismo, abertura, intuição.** O amarelo dominante pode ser indício de uma relação difícil com a figura paterna ou da existência de motivos de tensão no interior da família.

## O violeta

**Palavras-chave: tristeza, inquietude, desejo, domínio das paixões, sentido religioso, idealismo, pudor.** Se domina o violeta, poderia indicar-nos uma pressão excessiva por parte dos pais, relacionada com o crescimento ou o assumir das responsabilidades, o que provoca na criança medo de não lograr satisfação plena das esperanças dos seus progenitores.

## O marrom

**Palavras-chave: seriedade, amargura, intolerância dos conflitos, prudência, "pés sobre a terra".** Um predomínio do **marrom** poderia revelar sobre a criança uma responsabilidade prematura. Suas tendências agressivas podem transformar-se em comportamentos sádicos ou num controle excessivo de si mesma, com notável diminuição da espontaneidade.

## O negro

**Palavras-chave: vida interior rica, medos, ansiedade, reserva, pudor, melancolia, sofrimento.** Quando domina o negro, será necessário controlar a emotividade da criança. Poderão apresentar-se desequilíbrios sem motivo aparente.

## Análise dos elementos da personagem

A **cabeça** representa os sentimentos que a criança adivinha no rosto da mãe, mas ao mesmo tempo, é também um símbolo da percepção que tem de si mesma. Por meio dela, a criança sentiu pela primeira vez o prazer da nutrição, ou sofreu algum problema relacionado com a alimentação.

Uma cabeça gorda indica uma tendência ao egocentrismo, normal aos seis anos, poderia resultar problemática mais adiante. Ainda que também possa indicar-nos um caráter muito expansivo.

Se for pequena, mostra-nos um caráter fechado. A criança volta-se para si mesma, o que reflete dificuldades de relação e uma possível tendência à timidez.

Os **detalhes do rosto** têm a ver com a comunicação e os intercâmbios com o mundo exterior. Um rosto sem detalhes assinala que a criança tem dificuldades para manifestar seus sentimentos e que recorre a um mecanismo de negociação de uma realidade que ela considera insuportável. Os olhos revelam a força e a vitalidade que a criança emprega em seus contatos com os demais, assim como sua curiosidade intelectual. Se pequenas, indicam introversão, medo da comunicação e desconfiança, sobretudo, dos adultos.

Os **olhos** fechados apontam para uma tendência para o narcisismo ou para a coqueteria. Se grandes, revelam-nos certa agressividade dirigida ao exterior. A ausência deles, ainda que muito rara, adverte que a criança nega-se a ver e a enfrentar a realidade.

A **boca** é a via da alimentação, tanto real como afetiva. Por meio dela a criança recebe o alimento de que extrai sua força. Mas os beijos dos pais são também um alimento indispensável para o seu crescimento. Omitiu-se a boca no desenho, está indicando-nos um sofrimento por causa das carências afetivas. Diz-nos que desejaria alimentar-se em abundância e que se sente fraca e sem autonomia. Talvez sofra desordens relacionadas com a alimentação ou também não foi capaz de estabelecer uma comunicação fluida com os adultos. Uma boca pintada de vermelho intenso mostra agressividade, o que às vezes poderia ser um estímulo positivo para o desenvolvimento da criança, especialmente na época da puberdade. A partir dos sete anos, uma boca fechada ou apenas esboçada por uma linha fina indica-nos tensões ou desilusões, quase um desejo de eliminar um entorno, que, de uma maneira ou de outra, não satisfez as necessidades especiais de uma criança. A presença de covinhas nas comissuras da boca revela um caráter jovial, imaginação transbordante e despreocupação.

Os **dentes** são um símbolo de ira, já que mostram uma necessidade de morder algo ou alguém que para a criança é o responsável pelas suas preocupações e pelas enfermidades que experimentou.

O **nariz** é um símbolo fálico. Não é por casualidade que os meninos o representam de maneira mais elaborada. Indica uma entrada próxima da época da puberdade. Toda deformação ou acentuação excessiva relaciona-se a um medo ou desejo referente à sexualidade. Omitir o nariz é bastante normal na época da puberdade e expressa o temor da criança dos seus primeiros impulsos sexuais.

As **orelhas** podem significar a necessidade de ouvir para aprender, ou podem ser um sinal de curiosidade, ou também um indício de um problema auditivo. Indicam a atenção particular prestada pela criança à realidade exterior. Se forem grandes ou em forma de folhas de couve, mostram uma pobre autoestima em razão dos fracassos escolares. Recordemos a relação da palavra "burro" com umas orelhas grandes.

A **barba** e os **bigodes** são sinais de força, exuberância, criatividade ou um forte desejo de fascinar. Podem, portanto, ser um indício de adulação.

Os **cabelos**, sobretudo se são longos, expressam a vitalidade e a força, também de caráter sexual. Nas meninas, indica um desejo precoce de gostar, de criar um grupo de amigos, garotas e garotos, ou também, de identificar-se com uma personagem célebre.

A presença de um **chapéu** mostra que o menino se sente objeto permanente das observações ou das proibições dos adultos. Na época da puberdade, pode ser também um disfarce destinado a mascarar uma sexualidade reprimida.

O **queixo** acentuado ou proeminente revela um temperamento de "chefinho" e um desejo de afirmar-se sobre as demais crianças.

O **pescoço** é a área intermediária entre a cabeça (a razão) e o corpo (o instinto). Se alongado, pode indicar-nos um crescimento fisiológico real ou desejado, ou também, uma necessidade de se pôr adiante, de forma um pouco vaidosa. Se for pequeno, ou especialmente delgado, denota ansiedade ou algum tipo de dificuldade respiratória. Se tiver cor vermelha, mostra timidez, certa insegurança oculta por reações agressivas, ou simplesmente pode refletir uma intervenção médica sofrida nessa área. Um pescoço bem-desenhado significa que a criança quer manifestar sua autonomia e sua capacidade de opor-se ao entorno. A ausência de pescoço indica uma emotividade dominante, algo normal até os dez anos. A partir dessa idade, é um indício de instabilidade afetiva que poderia repercutir no seu comportamento, dando lugar a uma excessiva vivacidade, à excitabilidade, à impulsividade e à intolerância (é a criança que, por exemplo, esgota-se mantendo durante muito pouco tempo uma postura de imobilidade total).

As **pernas** simbolizam a segurança da criança. Ao desenhá-las, evidencia sua capacidade de resistência, de dinamismo e de estabilidade. Se forem longas, inclusive exageradamente, pode ser um indício de que necessita sentir-se grande, crescer. Se forem curtas, assinalam-nos um medo ou uma recusa de crescimento e um desejo de sentir-se protegida pelo entorno familiar. Caso sejam notavelmente assimétricas, podem indicar uma imperfeição física real, ou melhor, uma dificuldade motriz. Se estiverem curtas, assinalam-nos uma inibição ou um conflito de natureza sexual.

Os **pés** mostram-nos a estabilidade e a segurança, mas também possuem um simbolismo sexual. Grandes e bem-apoiados no solo, indicam segurança, firmeza e solidez de caráter. E, pelo contrário, se são pequenos, estão em posição anormal ou simplesmente não existem, é uma clara demonstração de medo e de defesa diante do entorno.

Os **braços** e as **mãos** são os elementos principais da comunicação, pois nos permitem o contato direto com o mundo. As mãos em forma de garras e de cor vermelha mostram-nos agressividade e desejo de arranhar, lutando contra uma realidade hostil. Se estiverem levantadas para o céu, mostram-nos uma petição de ajuda, uma demanda de proteção e um desejo de ser cuidada. A ausência de braços, que nunca se deve ao esquecimento, pode ter a ver com um problema relativo à sexualidade, ou também com o mascaramento de certa hostilidade para com um dos membros da família. Esta hostilidade geralmente vem acompanhada de um sentimento de culpa que poderá desencadear atos de autodestruição. A ausência só das mãos representa o mesmo significado, ainda que o problema pareça menos grave.

O **corpo** representa o instinto e o material. Se for delgado, indica que a criança não está satisfeita com seu corpo, ou que, de uma forma ou de outra, sente nele alguma insuficiência. Se for excessivamente reduzido, mostra um complexo de inferioridade. Quando está dividido em dois, por uma linha ou um cinturão, indicam-nos que a afetividade e a sexualidade não logram integrar-se e coexistir harmonicamente. Um cinturão detalhado de modo minucioso é, na realidade, um disfarce que tem origem num sentimento de culpa, relacionado com o crescimento. Se a criança desenha dois seios no corpo, está nos mostrando que possui um laço muito forte com a mãe, de quem não logra desatar-se emocionalmente.

A presença de **sardas** ou **espinhas** indica um laço forte com o entorno familiar, em geral com a mãe. É como se a criança quisesse representar uma espécie de umbigo, que, nesse caso, seria a cicatriz de uma separação maltolerada.

É muito raro que os **órgãos sexuais** apareçam desenhados de uma forma evidente e específica. Quando ocorre, está nos mostrando um grave problema sexual.

## Análise do caráter

### Agressividade

Garras em lugar de mãos.
Dentes muito notórios.
Excessivas sombras.
Boca contornada com a cor vermelha.
Silhueta de perfil.;
Punhos cerrados.

## Ansiedade

Manchas contínuas.
Traço muito ligeiro e interrompido.
Enegrecimento excessivo em um ou em vários elementos da personagem.

## Curiosidade

Olhos grandes.
Orelhas grandes.
Olhos muito detalhados.

## Decisão

Queixo evidente ou pontiagudo.
Traço seguro e firme.

## Expansividade

Braços abertos.
Mãos abertas e ressaltadas.

## Exuberância

Cabeça gorda.
;Formas amplas.
Extremidades inferiores bem-desenhadas.
Riqueza de detalhes.

## Fragilidade

Corpo delgado.
Pressão irregular ou excessivo uso do claro-escuro.
Pés apenas esboçados.

### Insegurança

Ausência de pés ou pés muito maldesenhados.
Traço inseguro.

### Domínio de si

Corpo forte e grande.
Personagens de dimensões médias.
Posição correta no papel.
Cores aplicadas com segurança.

### Maturidade emocional e afetiva

Silhueta harmônica.
Pescoço existente e bem-estruturado.

### Narcisismo

Pestanas longas.
Cabelos ondulados ou muito arrumados.
Colares.
Cores muito vivas, sobretudo nos vestidos.
Ornamentos diversos: corações, flores, cifras ou letras escritas nos vestidos.

### Pobreza de expressão

Manchas.
Traço desajeitado.
Desproporções.
Elementos desenhados com pouco cuidado.

## Medo de crescer

Personagens de tamanho muito pequeno.
Utilização de uma parte mínima do papel.
Tramas e sombreados muito delicados, apenas perceptíveis.

## Autoestima pobre

Extremidades superiores e inferiores apenas esboçadas.
Personagens de tamanho muito pequeno.
Abundantes retoques e manchas.
Traço incerto.

## Segurança

Traço forte, lineal e continuado.
Personagem completa e bem-desenhada.
Personagem bem-diferenciada sexualmente.

## Serenidade

Rosto com expressão tranquila.
Desenho harmônico.
Proporções adequadas.

## Sexualidade inibida

Ausência de mãos ou mãos escondidas.
Extremidades inferiores pouco relevantes.
Vestidos muito sóbrios e sem adornos.

## Sexualidade precoce

Dentes muito visíveis.
Nariz proeminente ou muito colorido.
Língua de fora.
Cabelos longos ou muito bem-arrumados.

## Timidez

Rosto vermelho.
Utilização de uma parte mínima do papel.
Personagem muito pequena e situada ma parte baixa da folha.
Abundância da cor negra.

## Traumas sofridos

A parte do corpo em questão é normalmente pequena, delgada ou, de uma forma ou de outra, aparece maldesenhada.

# O teste da árvore

Desde muito tempo, o teste da árvore é considerado uma ferramenta mito eficaz para compreender os aspectos mais autênticos e escondidos da personalidade. A partir do ponto de vista psicanalítico, a árvore simboliza o eu, quer dizer, a energia que impregna a totalidade da pessoa e revela sua verdadeira essência. O autor do desenho pode ser uma criança pequena, uma menina ou um menino. A árvore representa-os a todos, cada qual com seu próprio caráter, com suas emoções e sua personalidade em formação, única e específica. Cada detalhe dessa prova gráfica possui um significado preciso que se transforma numa linguagem clara: a situação da árvore na folha de papel, as raízes, o tronco, a presença de uma borboleta, as ramas abertas para o céu, uma folha caída, as cores vivas ou apagadas, as áreas sem colorido etc.

## Como realizar o teste

Materiais que devem estar à disposição da criança:
- um lápis;
- uma borracha;
- um apontador;

- sete cores (azul, verde, vermelho, amarelo, violeta, marrom e negro);
- várias folhas de papel sem quadricular.

Convida-se o aluno a que realize o desenho sem utilizar réguas, esquadros nem instrumentos de outro tipo que possam coibir a espontaneidade da execução, limitando, assim, nossas possibilidades de interpretação.

Dirija-se à criança dizendo-lhe simplesmente: "Desenhe uma árvore qualquer, como queira".

Não há limite de tempo. Quando a criança entender que terminou seu trabalho, pode perguntar-lhe se tem certeza de havê-lo concluído.

## Evolução do desenho

A árvore representa a própria pessoa que o desenha. Inclusive se nunca viu uma planta, um arbusto ou uma árvore pode desenhá-la. No início, será simplesmente uma espécie de linha vertical, uma barra com algumas coisas penduradas, até que, pouco a pouco, vai tomando forma. Evidentemente, desenhar uma árvore é mais difícil do que traçar uma casa parecida com a letra A, formada por simples linhas cruzadas. O desenho completo da árvore não costuma aparecer até os quatro ou cinco anos. Resulta sempre fascinante e instrutivo observar os desenhos de uma mesma criança em diferentes idades. Poderemos comprovar as mudanças originadas do crescimento e, às vezes, veremos sinais de problemas ou de interferências.

**A criança de quatro ou cinco anos**, cuja capacidade de representação já está bem-estruturada e cuja habilidade gráfica permite-lhe realizar um desenho acabado e reconhecível, esboçará uma árvore com traços elementares e básicos. Às vezes, um só traço reto ou que simplesmente se dobra, sem estar necessariamente fechado nos extremos, é já um esboço de árvore.

Mas logo esse desenho se fecha pelo extremo superior. Sobre esta linha de fechamento logo surgem traços finos que representam os ramos.

**Entre os cinco e os seis anos,** a árvore toma forma e adquire cores naturais, deita raízes no solo e vai enriquecendo-se com detalhes.

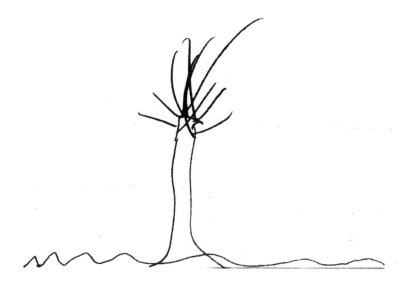

**Até os sete anos**, época, portanto, em que a criança já vai à escola, a árvore evolui tomando proporções mais realistas e formas semelhantes às árvores de verdade.

## Ocupação do espaço

A posição da árvore no papel - que representa o entorno - é de uma importância fundamental. A criança extrovertida explora sem medos seu entorno, e seu desenho ocupa, **praticamente, todo o espaço da folha**. Estamos diante de alguém que se desloca para cima e para os lados, sem inibição de nenhum tipo, com entusiasmo e generosidade, até o ponto de ser demasiado absorvente.

A criança que situa a árvore na **parte alta** mostra uma natureza imaginativa. É idealista e sonhadora. No que se refere à sua disposição intelectual, podemos dizer que as humanidades, a literatura e a filosofia são seus pontos fortes.

**A árvore situada na metade do papel** mostra que a criança tem, todavia, a necessidade de sentir-se o centro da atenção dos demais.

**A árvore colocada na parte baixa, com muito espaço em cima**, é frequente nas crianças pequenas. Não obstante, quando é um adolescente quem a desenha, devemos nos perguntar em que medida está disposto a afrontar a vida fora do contexto familiar. Normalmente sente, todavia, necessidade de proteção e segurança. A adolescência é uma época crítica, caracterizada por uma forte ambivalência entre o desejo de autonomia e liberdade e a necessidade, todavia presente, de apoio e proteção.

## Interpretação

### As três áreas

Os três elementos fundamentais que devemos observar ao interpretar o teste da árvore são as raízes, o tronco e a folhagem.

**As raízes** simbolizam a fertilidade, pois estão relacionadas com a mãe terra, que nutre e sustenta a totalidade da árvore. É uma parte fundamental desta, sem a qual estaria simplesmente pousada sobre o solo e careceria da seiva indispensável para sobreviver. Analogamente, as raízes representam a vida do eu, que protegido e nutrido pelo afeto e pelo amor materno, vai se tornando cada vez mais forte e vai crescendo em equilíbrio e segurança. As raízes evocam o mundo das emoções, o laço estabelecido entre a mãe (as raízes) e o filho (o tronco). O mundo emocional e instintivo permanecerá constantemente na recordação do sujeito e dessa área escura e escondida no solo é de onde o eu extrai toda a energia necessária para afrontar a vida.

**O tronco** simboliza o eu, a percepção de si mesmo e a sensação de segurança da criança. Um tronco delgado mostra uma resistência debilitada diante das dificuldades e também uma necessidade de ser ajudado e protegido pelo adulto. A criança percebe-se a si mesma frágil, inclusive no plano físico. Por sua parte, um amplo e bem-desenhado mostra-nos uma personagem bem-estruturada, baseada na confiança de si mesma e em sua própria competência. A estabilidade de um tronco bem-desenhado é também um indício de força física, que permite melhor afrontar as dificuldades da vida.

**A folhagem** é o resultado da integração das raízes e do tronco e simboliza, assim, a proteção da criança voltada para o exterior. Os galhos crescem e se desenvolvem fora do espaço ocupado pelo eu (o tronco). Encarnam a abertura ou o fechamento com respeito à comunicação, à adaptação, à solidariedade e ao amor. A folhagem revela igualmente a capacidade da criança para redimensionar seu egocentrismo (representado pelo desenho de um tronco imponente), a fim de projetar suas energias até os demais (os galhos).

## Análise dos elementos da árvore

**Uma árvore pequena** simboliza timidez e introversão. Trata-se de uma criança que trabalha muito bem sozinha, escolhe amigos pouco revoltosos e não despreza os simplórios.

Ao contrário, uma **árvore grande e que ocupa todo o papel** mostra-nos uma criança entusiasta e extrovertida que prefere estar sempre na companhia de outros e é generosa e desapegada dos bens materiais até ao ponto em que, com frequência, oferece seus brinquedos aos demais.

**As árvores pouco habituais** têm um significado preciso.

O abeto mostra-nos uma criança nostálgica, muito apegada à família e que possui valores tradicionais. O abeto é o símbolo da Natividade, representa a alegria, a intimidade e a necessidade de reunir-se com os seres queridos. A criança que desenha uma árvore desse tipo costuma ter um caráter afetuoso, necessita proteção, segurança e um ambiente sereno. Nem lhe agrada ter gente demais ao redor, mas prefere um círculo pequeno de amigos fiéis. Por ser tímido, é conveniente estimulá-lo afetivamente. Teme causar má impressão, sobretudo entre crianças da sua idade. Agrada-lhe manter-se à margem, e suas brincadeiras prediletas são individuais. Ao encontrar dificuldades, desanima-se facilmente e reage com atitudes demasiado infantis para sua idade.

O **cipreste** é a árvore típica de uma criança reflexiva e pouco falante, talvez predisposta à poesia ou à literatura e com um sentido estético muito marcado.

## 128 :: Garatujas: Rabiscos e Desenhos

**O salgueiro chorão** indica-nos que essa criança recusa o anonimato. Simboliza uma elegância inata e uma firme vontade de não deixar-se dominar. Também vemos nela momentos de tristeza e certa necessidade de recolhimento. O adolescente que desenha um salgueiro chorão pode ser dotado para relacionar-se com o mundo gráfico ou o da fotografia.

**Uma árvore com frutos** simboliza abundância e produtividade. Indica riqueza de sentimentos, desejo de dar aos demais e de fazê-los felizes. A criança que desenha uma árvore desse tipo deseja chegar a ser alguém importante, ter algo para dar. Acode espontaneamente em auxílio daqueles que dela necessitam. È extrovertida e consagra-se instintivamente aos demais, talvez em busca de afeto. Tem muitos amigos e sabe contagiá-los com seu entusiasmo. Com frequência é eleita líder do grupo. Seu caráter aberto permite-lhe interessar-se facilmente pelas tarefas escolares e obter bons resultados em todas as matérias que requeiram imaginação e criatividade.

Se os frutos estão suspensos da folhagem, indicam-nos uma tendência à melancolia, uma débil confiança em si mesmo e em seu próprio potencial.

**As flores, os cogumelos, a erva, o caracol** e outros elementos destinados a adornar a base da árvore, são muito significativos. Simbolizam a imaginação, a sensibilidade e a doçura, assim como o princípio de um desenvolvimento sexual. Essa criança tem uma relação harmônica com a natureza e com os seus pais.

**Os galhos pequenos saindo do tronco** costumam ser desenhados com maior frequência pelos meninos e indicam uma sexualidade que está se desenvolvendo. Encontramo-nos diante de um adolescente em plena transformação: sua voz modifica-se, surgem os primeiros pelos e seu caráter modifica-se. Nesse momento, o menino procura a presença do pai, mais do que da mãe.

As meninas embelezam o desenho com **flores, borboletas e arco-íris** com maior frequência. São mais românticas e choram com mais facilidade. A afetividade está baseada nos sentimentos, na ternura e na necessidade de gostar. Para elas, a cumplicidade coma mãe é mais fácil.

**As folhas que caem** indicam um temperamento sensível e impulsivo, com notas de melancolia que afetam a estabilidade do humor. A menina percebe tudo o que ocorre ao seu redor, com sua sensibilidade particular. É uma alma sensível e não tem grande capacidade de resistência diante das frustrações. Seu caráter está impregnado de melancólica nostalgia. Tímida e reservada, é uma pessoa que necessita de certo espaço. Para dar o melhor de si mesma, necessita também da aprovação dos demais.

**As folhas desenhadas uma a uma sobre os galhos** sinalizam vivacidade, generosidade e desejo de atividade.

**A árvore com um ninho ou um nó no tronco** indica necessidade de proteção e de recolhimento. Assinala um estreito laço com a mãe. Para expressar totalmente seu potencial, a criança tem, todavia, necessidade de ser nutrida e cuidada. Não é lento, mas possui um ritmo particular. Seus sentimentos são ricos e estão carregados de emoções. As recordações familiares serão sempre importantes para ela e, delas, extrairá certo apoio afetivo. É um ser, todavia, por descobrir-se, pois tem tendência a guardar-se todo em seu "ninho". Prefere brincar e trabalhar em grupos pequenos, num ambiente sereno, silencioso e cálido.

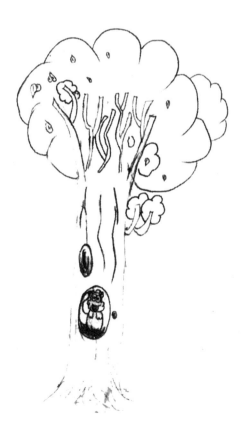

**Uma árvore com muitas raízes** mostra-nos um grande apego da criança à sua mãe e à sua família, que lhe dão uma sensação de segurança e de orgulho. Isso lhe permite muito bem afrontar-se muito bem com as dificuldades da vida e adaptar-se a elas. Os fracassos não a desanimam facilmente. Busca sobrepor-se e superar-se cada vez mais. Sua estabilidade emocional evita-lhe cair e lhe dá uma sensação de segurança.

**A árvore sem raízes,** às vezes com uma linha horizontal que representa o solo, simboliza uma figura maternal que apoia e sustenta a criança, mas que é incapaz de nutri-la, pois esse contato com a terra é defeituoso. Por não ser "nutrida", a criança se sente "faminta de amor" e carece de segurança no plano emocional. Bastará uma rajada de vento para que se sinta abandonada e frágil. Seus fracassos escolares e seu medo de integrar-se no mundo dos adultos, por exemplo, são em grande parte imputáveis à carência de uma figura feminina que a apoie, especialmente nos primeiros anos da vida. A essa criança faltou-lhe uma presença capaz de responder às suas necessidades e que lhe desse segurança.

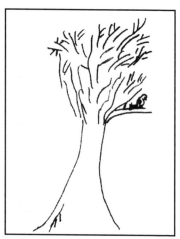

**O sol**, mais ou menos próximo da árvore, simboliza a figura paterna. Esse elemento, muito frequente nas crianças de hoje, é uma reivindicação concreta dirigida ao pai, para que se ocupe de uma forma mais ativa da "arvorezinha".

## Análise do caráter

### Adaptabilidade

Folhagem estendida com formas aéreas.
Tronco bem-proporcionado.
Traço firme.
Cores vivas.
Frutos nos galhos.
Linha horizontal que representa o solo.

### Ambição

Tronco grande.
Galhos grossos e longos.
A linha do solo é muito extensa.

### Ansiedade

Tamanho pequeno.
Preocupação pela simetria.
Frutos sem galhos, como pendurados.
Cores pastel claras.
Traço débil e interrompido.
Manchas.
Presença de um ninho.

### Autonomia

Boa proporção do tronco, das raízes e da folhagem.
Traço seguro.
Utilização das cores com sentido estético.

## Teimosia

Tronco longo e delgado.
Copa sem galhos.
Copa em forma de pequenas nuvens separadas.
Galhos entrelaçados.
Manchas.
Ausência de raízes.

## Egocentrismo

Tronco excessivamente grande em relação à copa.
Tronco colorido.
Pressão forte e enérgica.

## Extroversão e entusiasmo

Árvore grande.
Traço seguro.
Galhos estendidos à direita e à esquerda.
Raízes bem-desenhadas.
Cores fortes e vivas.

## Imaginação

Copa excessivamente grande com relação ao tronco.
A árvore está situada na parte alta do papel.
Abundância de detalhes como flores, fungos, arco-íris etc.

## Melancolia

Folhas que caem ou folhas mortas.
Abeto.
Tronco com estrias verticais.
Cores leves.

## Narcisismo

Tronco muito grande.
Raízes grandes e bem-desenhadas.
Copa pequena e com um contorno muito bem-esboçado.

## Preguiça

Copa maior do que o tronco.
Traço débil.

## Regressão

Árvore desenhada à esquerda e na parte baixa do papel.
Ninho com animaizinhos.
Raízes muito estendidas ou ausentes.

## Rigidez e autocontrole

Tronco delgado e linear.
Muito pouco espaço ocupado no papel.
Formas estilizadas.
Traço desajeitado.
Raízes ausentes ou apenas esboçadas.

## Sexualidade precoce

Nós no tronco.

Flores sobre o solo.

Borboletas ou pássaros pousados sobre os galhos.

Utilização do vermelho, do amarelo ou do violeta.

## Traumas passados

Linhas horizontais que cruzam o tronco.

Linhas horizontais de ambos os lados do tronco que representam o horizonte.

A cor dominante é a negra.

# O teste da casa

O teste da casa implica sempre em importante conteúdo emocional. Representa o modo de vida da criança, a relação com seus pais, seu papel no seio da família e a forma pela qual se prepara para enfrentar o mundo exterior.

A casa é um motivo muito recorrente nos desenhos infantis e já se encontra presente, ainda que não reconhecível, nas primeiras garatujas. Desde muito pequena, a criança expressa seu desejo de viver sob um "teto", protegida dos perigos que o ambiente externo possa representar.

Alguns especialistas relacionam a casa com o rosto materno: o teto representaria o cabelo, as janelas seriam os olhos, e a porta, a boca. Esse antropomorfismo pode se observar nos bem menores e põe de manifesto como a criança projeta sobre o desenho suas próprias percepções emocionais.

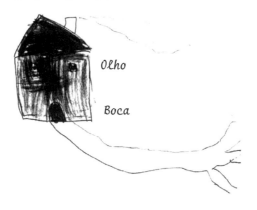

## Como realizar o teste

Deve-se por à disposição da criança o seguinte:

- um lápis;
- uma borracha;
- um apontador;
- sete lápis de cor: azul, verde, vermelho, amarelo, violeta, marrom e negro;
- algumas folhas de papel branco não quadriculado.

É conveniente convidar a criança a que realce o desenho à mão livre, sem utilizar réguas ou esquadros, que reduzem a espontaneidade da execução e limitam as possibilidades interpretativas.

Há que dirigir-se ela pedindo-lhe simplesmente: "Desenhe para mim qualquer casa, como ocorrer a você. Depois, se quiser, pode colorir". Devemos responder às suas perguntas, sem influenciá-la de modo algum. Podemos dizer-lhe, por exemplo: "Faça como lhe parece melhor". Para este teste não há limite de tempo. Quando a criança crer que o trabalho está concluído, poderemos pegá-lo.

## Evolução do desenho

No princípio, é normal que o trabalho não esteja bem-definido; não obstante, pouco a pouco, vai adquirindo aspectos cada vez mais detalhados e evoluídos, que nos permitiriam uma avaliação adequada.

**Entre os quatro e os cinco anos**, o desenho mostra traços muito simples e essenciais que nos subministrarão muito poucos elementos para interpretá-lo, ainda que possam ser estes muito significativos. A habilidade e a experiência serão nossas armas principais para compreender o que a criança quer realmente dizer-nos.

**Entre os cinco e os seis anos**, a casa se nos mostra muito mais rica em elementos e detalhes, sem perder a estrutura básica que nos serve para a interpretação. Pode ser grande, pequena, elaborada, com um traço firme ou borrado, com chaminé, que, por sua vez, pode apresentar fumaça ou não.

**Aos sete anos,** o desenho da casa costuma já integrar-se num entorno já enriquecido com outros elementos: o sol, uma árvore, nuvens, um caminho ou inclusive uma paisagem completa.

Ao interpretar o desenho de uma casa, devemos sempre levar em conta que se trata de um teste de projeção, quer dizer, a criança se projeta a si mesma nele. Independentemente da idade cronológica, é possível que encontremos desenhos muito ricos em detalhes, realizados por crianças pequenas, e casas muito vazias, desenhadas por outras maiores.

## Análise do desenho

Uma **casa grande** é símbolo de alegria e bem-estar. É acolhedora e, por isso, predispõe à hospitalidade.

A criança que desenha uma casa grande está nos dizendo que é espontânea e que se abre à vida e à natureza. Seu caráter é impulsivo e cálido, é capaz de mostrar-se afetuosa e amigável. Sua casa estará sempre aberta e à disposição dos seus amigos, pois agrada-lhe que esteja cheia de vida e de calor. Poderemos definir essa criança como altruísta e extrovertida.

Uma **casa pequena** simboliza o recolhimento e a intimidade, que nos reconfortam num momento de cansaço e de fadiga.

Essa criança apresenta um caráter introvertido (ainda que não fechado) e tímido. Antes de enfrentar as obrigações que lhe exige a sociedade ou a sua relação com as demais crianças da sua idade, necessita sempre de uma confirmação por parte dos membros da sua família. Para ela, a família é uma âncora, um refúgio, que lhe proporciona uma sensação de segurança e a faz sentir-se protegida de todas as dificuldades. Trata-se de alguém que, para dar o melhor de si mesmo e vencer sua timidez, tem necessidade de estímulo e confiança.

A criança que desenha um **castelo** em lugar de uma casa ou uma **casa com aspecto de castelo** possui um caráter forte e está mandando uma mensagem de poder, de riqueza e de imaginação.

É o desenho típico da criança que gosta de sonhar e de inventar personagens e amigos imaginários com os quais conversa nesse mundo que é totalmente seu. Poderíamos estar perante de um futuro escritor que sabe encontrar sempre um elemento de magia, de invenção e de aventura. Possui um caráter bom, generoso e maleável; não obstante, é possível que tenha de enfrentar algumas dificuldades em seus estudos, pois se distrai com facilidade.

**As portas e as janelas fechadas** indicam-nos certa dificuldade para sair do refúgio e viver de uma maneira livre.

As crianças que desenham a porta com ferrolho ou as janelas com rótulas em forma de cruz estão se sentindo prisioneiras de uma situação conflitiva que se dá no seio da família. Pode ter origem num excesso de proteção por parte dos pais, ou também, consequência de uma sensação de abandono que provocaria na criança um recolhimento sobre si mesma e uma recusa ao diálogo. Usualmente se trata de pessoas com dificuldade para expressar seus sentimentos e para relacionar-se com os demais. Esse tipo de desenhos pode também indicar um grande mal-estar interior que poderia ter repercussões na sua saúde física.

**Uma casa desenhada em perspectiva** mostra um problema relacionado com a instabilidade emocional, com um sentimento de inferioridade ou m condicionamento educativo que gera ansiedade e falta de confiança em si mesma.

A casa que tende a aumentar para cima revela-nos certa tendência ao juízo crítico, às vezes exagerado, e também uma inclinação para o sonho e a melancolia. Pelo contrário, a que se amplia para baixo nos indica sentimentos de inferioridade, rigidez de comportamento e uma apreensão usualmente infundada.

**A casa com teto plano ou muito amplo** revela-nos um problema no seio familiar. A criança tem a impressão de afogar-se por causa, talvez, de que seus pais sejam muito exigentes e, às vezes, pode reagir de forma agressiva. No teste da figura humana, o chapéu também pode ser interpretado desse modo.

**Um quarto de despejo no sotão**, às vezes, com uma claraboia, mostra-nos que a criança possui uma imaginação muito viva, mas coibida pelas excessivas proibições. Refugia-se então na sua "água-furtada", de onde pode dar rédeas soltas à sua imaginação, com toda a tranquilidade.

**Uma chaminé fumegante** no teto indica que no interior da casa há fogo e que a família se reúne ao seu redor para aquecer-se.

**Se a chaminé não emite fumaça**, ou simplesmente não existe, poderia ser um indício de ausência de comunicação no seio da família, o que denota que a criança sofre uma carência de contatos afetivos e gratificantes.

**Uma antena de televisão** no teto indica-nos que a criança presta muita atenção a tudo o que ocorre ao seu redor. Esse símbolo é equivalente às orelhas no desenho da figura humana e, do mesmo modo que elas, simboliza a vigilância, a atenção e a diligência. Estamos diante de uma criança "com as antenas ligadas".

**A porta** representa a forma pela qual entramos em contato com o entorno. Fechada e sem maçaneta mostra-nos prudência, timidez e dificuldades para relacionar-se. Se, pelo contrário, a maçaneta ou o puxador estão muito visíveis, é indício de que nos encontramos diante de uma criança muito disposta e extrovertida. As fechaduras e os ferrolhos revelam-nos um sentimento de culpa (em geral relacionado com a sexualidade), certo temor ao contato, um medo de ser visto e julgado. **Duas portas**, às vezes nos dois lados da mesma casa, podem indicar um conflito entre os pais, talvez uma separação, ou pelo menos o medo de que esta venha a ocorrer.

**As janelas** representam para a criança a possibilidade de observar o entorno desde o interior da casa e, por sua vez, de ser ela, observada desde o exterior. Constituem, assim, uma expressão do modo de comunicar-se, alterada sempre pelos condicionamentos, pelas normas e pelas proibições impostas pela família.

**As janelas abertas** ou grandes mostram-nos um espírito curioso, aberto ao mundo exterior e que não teme o juízo dos demais. As fechadas revelam-nos uma necessidade de proteger-se das maldades dos demais e dos olhos indiscretos. São indícios de fechamento e prudência nas relações com outras pessoas.

**Uma casa sem janelas** (sobretudo a partir dos cinco ou seis anos) diz-nos que a criança tem a sensação de não poder enfrentar a realidade em razão da educação tão asfixiante que recebeu. Encontramo-nos perante uma criança muito protegida e, portanto, frágil.

**Janelas muito grandes** mostram-nos um caráter dominante que necessita de grandes espaços onde investir toda a sua energia. Pelo contrário, as que estão adornadas com cortinados, cortinas ou jardineiras floridas registram uma criança sensível, terna e temerosa, dotada de um grande sentido estético e que tem necessidade de causar boa impressão.

**Se ao redor da casa há uma grade**, isso nos indica que a criança experimenta certa sensação de isolamento, provocada talvez pela proibição de convidar seus amigos.

**A casa rodeada de árvores** diz-nos que a criança tem necessidade de proteção, afeto e segurança no interior do seu lar, a fim de expressar segurança no exterior.

**Uma casa desenhada a distância**, talvez pequena e rodeada de uma paisagem rica em detalhes, simboliza sentimentos de tristeza originados de um "afastamento emocional" (ainda que não necessariamente real) com respeito à família. A criança expressa desse modo uma demanda de atenção.

**A presença de um caminho** merece um estudo particular. No último ano do jardim da infância e, a princípio, da época escolar, as crianças costumam pintar com frequência o caminho, ainda que com dificuldades para desenhar em perspectiva.

O caminho como prolongamento da casa simbolicamente nos indica a possibilidade de sairmos do núcleo familiar e seguir a senda que nos levará ao mundo social. Por outra parte, também pode representar o desejo que a criança tem de voltar periodicamente ao interior da sua família; assim, um sintoma de regressão, ou pelo contrário, de compensação, porque a vida "exterior" lhe resulta demasiado penosa.

**Um caminho tortuoso** indica um caráter exigente. Estamos diante de uma criança que quer comprovar cada detalhe pessoalmente. Se encontrar um obstáculo, tenderá a rodeá-lo. Não lhe agrada pedir ajuda, pois é orgulhoso. Possui uma inteligência seletiva, perspicaz e curiosa e certa habilidade manual que a predispõe aos jogos de construção.

**Um caminho linear** para baixo é característica de uma criança de caráter aberto e que sabe ouvir os demais. Aceita de bom grado as sugestões e os conselhos das pessoas maiores do que ela. Prefere brincar no exterior, mas desfruta de voltar logo para casa com novas experiências.

**Um caminho que se bifurca** mostra-nos certa incapacidade para escolher, em razão do temor que a criança sente de perder o afeto familiar. Geralmente se trata de crianças abertas e comunicativas que querem se sentir amadas e aceitas. Trabalham bem em grupo, mas em silêncio.

**O caminho que se bifurca para a parte alta da casa**, depois de realizar uma grande curva, é típico das crianças que, temendo ser julgadas, preferem inventar inibições ou defesas, a fim de evitar qualquer confronto com as demais. São perfeccionistas e têm tendência a se fecharem em si mesmas como os ouriços e, como eles, podem também lastimar-se, sobretudo se se lhes molestam em seu amor-próprio. Ao voltar para casa, as coisas nem sempre vão bem, pelo que, às vezes, reagem negativamente se não são acolhidas como esperam. Trata-se de crianças muito independentes, mas que se integram bem na sociedade.

Um caminho que termina bruscamente, como sem saída, mostra-nos um caráter seletivo e introvertido, que não se implica muito em seus contatos com os demais. É uma criança atenta e tenaz, realizará com facilidade seus deveres escolares e, sem dúvida, obterá boas notas.

# O teste da família

O teste da família permite-nos compreender, mais adiante da execução gráfica mais ou menos lograda, quais são os acontecimentos positivos ou negativos suscetíveis de ter influência no crescimento da criança. Não são poucas as interferências capazes de sacudir o equilíbrio do núcleo familiar: nascimento de um irmão, êxito escolar da irmã maior, ou pior, o da menor, que poderia gerar um sentimento de inferioridade, o medo irracional de ser abandonado por um dos pais, a escola com todas as sua exigências etc.

A criança de doze anos que se representa a si mesma num berço, pondo-se no lugar da sua irmãzinha de poucos meses de idade, vive um processo de regressão, medo de perder o objeto do seu amor (a mãe), receio de que o outro (a irmã, nesse caso) atraia a mãe só para si. O ciúme que sente, mas que não expressa por palavras, por medo de perder o afeto da sua progenitora, podem manifestar-se por meio de sintomas muito diversos: enurese, tiques, medo da escuridão, dor de barriga etc. Às vezes, simplesmente, porque a criança deve ir à escola, afastando-se, assim, da mãe.

Essas situações comumente são complicadas para os adultos, que quase nunca as compreendem. É aqui que a linguagem não verbal pode ajudar-nos, dando-nos uma informação muito valiosa sobre a personalidade, a natureza emocional e o tipo de reações da criança. Ainda que não lhe seja pedido, ela, ao efetuar este teste, desenha sempre sua família e, por meio deste desenho, conta-nos seus problemas, suas angústias, suas preocupações, seus medos de enfrentar a realidade, de crescer, ou melhor, ao contrário, a alegria, a serenidade e o amor à vida.

É possível considerar a família de hoje em dia um lugar seguro? O exame dos desenhos das crianças parece dizer-nos que sim. A necessidade da criança parece não haver mudado: o que ela quer é sentir-se amada, aceita e totalmente integrada no núcleo familiar.

## Como realizar o teste

Sentaremos a criança diante de uma mesa com uma folha de papel branco, um lápis, uma borracha e lápis de cor e lhe diremos: "Desenhe uma família, a que você quiser. Se quiser, pode usar os lápis de cor". Quando tiver terminado, sem nenhuma influência exterior, elogiaremos o seu trabalho e a convidaremos a que nos fale da família desenhada. Deveremos anotar cuidadosamente suas respostas, pois são indispensáveis para a correta interpretação do desenho.

"Entre as personagens que desenhou, qual é a mais simpática? E a menos simpática? Qual é a mais feliz? E a mais triste?". Após cada uma das suas respostas, podemos perguntar-lhe: "Por quê?". Finalmente, podemos interrogá-la: "E nesta família, qual é a sua personagem preferida? Quem gostaria de ser?". Não importa que se trate de um homem, uma mulher, um menino ou uma menina.

É também muito importante observar como a criança realiza o desenho:
- o tempo dedicado a desenhar cada uma das personagens;
- sua situação na folha de papel;
- o cuidado nos detalhes;
- a proximidade ou o afastamento das personagens;
- o primeiro desenhado e o último;
- os retoques e as manchas;
- a omissão de alguma personagem da sua família real;
- o possível acréscimo de personagens imaginárias ou de animais;
- o parecido entre elas;
- as atitudes das diversas personagens;
- a expressão de seus rostos;
- a posição dos braços, das mãos e das pernas;
- os agrupamentos das personagens;
- as proporções respectivas das distintas personagens;
- suas roupas;
- os papéis sinalizados a cada um deles;
- a qualidade do traço (forte ou inseguro);
- os desequilíbrios na estrutura corporal de uma ou várias personagens.

## Evolução do desenho

Ao observar o desenho da família, é importante levar sempre muito em conta a idade da criança. Aos cinco anos, por exemplo, está vivendo um período em que se identifica ao máximo com seus pais: esforça-se por captar e assimilar tudo o que eles dizem e fazem. Gostaria de estar a todo momento com eles, mas, ao mesmo tempo, interessa-se igualmente pelo mundo exterior e está em busca de outros modelos fora da família. Por sua parte, a criança de nove a dez anos vive a família de um modo muito mais conflitivo, não porque sinta menos afeto por seus pais ou porque seja menos dependente deles, senão porque já se encontra num período de busca de autonomia.

Na representação dos personagens de sua família, a criança mostra-nos o caminho percorrido para libertar-se do seu egocentrismo primário, encaminhando-se gradualmente para a autonomia.

Seria errôneo pensar que a criança ou o adolescente vive seu crescimento sem problemas. Para ele, converter-se em adulto é como nascer uma segunda vez: é como se, após o trauma do nascimento, devesse experimentar outro novo: separar-se dos seres protetores. Solucionar esse problema de maneira positiva é transformar "o cordão umbilical", que une emocionalmente a criança a seus pais, num laço de amor único que abranja a família, ele mesmo e o mundo.

## Análise do desenho

**O personagem desenhado em primeiro lugar** é aquele pelo qual a criança experimenta mais admiração, identifica-se com ela e busca imitá-la em tudo, às vezes, não sem dificuldades. Pode isso gerar-lhe certo estado de ansiedade ou, inclusive, medo de não estar à altura.

**Desenhar-se a si mesmo em primeiro** lugar é um indício de egocentrismo e indica a necessidade da criança de situar-se antes de todos os demais. Expressa desse modo um laço de dependência que não lhe permite separar-se da família sem experimentar sofrimento. Manifesta, desse modo, a necessidade, não totalmente satisfeita, de ser amado.

A insatisfação afetiva repercute negativamente no seu rendimento escolar.

O fato de **desenhar-se em último lugar** mostra uma pobre valorização de si mesmo, uma falta de confiança ma própria capacidade em razão da timidez, um recolhimento sobre si mesmo ante a mínima dificuldade e problemas para expressar a sua afetividade. A criança, com razão ou sem ela, não se sente bastante apoiada ou protegida.

A própria infravalorização é uma mensagem importante que devemos esforçar-nos em captar. É necessário ajudar para que a criança supere essa sensação negativa, a fim de que possa construir-se uma imagem positiva de si mesma, ter mais confiança e lograr mais autonomia.

A criança que, ao desenhar sua família, **exclui um ou vários componentes**, está nos indicando claramente sua rejeição para com eles. Essa atitude pode ser decorrente de ciúme ou de medo de que a referida pessoa (pode se tratar de um irmão recém-nascido) possa converter-se em alguém mais importante do que ela, privando-a, assim, de uma parte do afeto dos seus pais.

Filha          Mãe

O fato de **acrescentar personagens** à família real é um sinal compensatório, indicador de um sentimento momentâneo de solidão. A criança busca companhia para vencer o medo do vazio afetivo e, dessa forma imaginária, compensa suas necessidades não satisfeitas.

Acrescentar uma personagem à família tem o mesmo significado que a invenção de um amigo imaginário: mostra-nos certa dificuldade na comunicação com as outras crianças da sua idade, que seu entorno está formado principalmente por adultos.

**Se uma das personagens aparece com dimensões reduzidas**, isso significa que a criança a considera um rival potencial, que não pode ser eliminado, mas cuja importância há de ser reduzida.

Filho     Mãe     Pai

**Uma das personagens separada do grupo familiar** está nos mostrando a falta de integração do referido indivíduo à família, quer seja real ou suposta, e a dificuldade que a criança tem para estabelecer uma relação de confiança ou um laço intenso com a referida pessoa.

Filha  Filho  Mãe  Pai

**Uma personagem borrada** significa a intolerância que a criança sente para consigo mesma ou para com um ou vários membros da sua família, intolerância que não pode expressar abertamente por temor do juízo negativo que isso poderia trazer-lhe. Mostra uma hostilidade mais profunda que o simples esquecimento, pois a criança está vivendo um conflito entre desejo e rejeição.

**Uma personagem excessivamente grande** indica-nos que a criança a considera uma figura dominante e talvez opressora, a quem convém obedecer sem discutir. Pode ser um sinal de inibição ou, pelo contrário, assinala-nos o lugar privilegiado que a mencionada pessoa ocupa no coração da criança.

Filho mais velho    Pai    Filha    Mãe

**Desenhá-la sem braços ou sem mãos** é uma maneira de "castigar" uma personagem que a criança considera uma ameaça. Pode ser também indicação de uma sexualidade mal-assimilada em razão do medo do juízo dos adultos.

O fato de **acrescentar animais** ao grupo familiar pode camuflar a agressividade que a criança sente para com um ou vários componentes da família.

**A exclusão de si mesmo** ao desenhar a família indica-nos que a criança tem uma autoestima muito baixa, que a embaraça o sentimento de não pertencer ao seu próprio grupo familiar ou que se sente excluída dele.

Os motivos podem ser muito diversos: medo das ameaças ou do castigo, sentimento de não ser o preferido ou ciúme dos irmãos recém-nascidos. Esse ciúme ou essa inveja levam-no a adotar mecanismos de defesa que podem chegar a comportamentos regressivos, por exemplo, chupar o dedo polegar, urinar-se na cama ou desenvolver problemas psicossomáticos.

O fato de **representar-se a si mesmo com um sexo diferente** do real pode indicar-nos uma rejeição do seu próprio corpo, mas também pode significar uma falta de aceitação do seu próprio papel sexual. Esse problema é típico dos meninos ao chegarem à idade da puberdade.

O fato de **negar-se a desenhar a família** é sempre um indicador de problemas. Mostra-nos uma participação emocional muito débil da criança na vida doméstica e uma falta de diálogo entre os componentes da família. Ao pedir-lhe que desenhe a sua família, a criança experimenta um bloqueio que a inibe totalmente.

**Desenhar uma família de animais** em lugar das personagens humanas mostra-nos um sentimento muito débil de domínio e um sofrimento que inibiu nela qualquer expressão espontânea dos seus sentimentos. Por exemplo, em muitos casos de separação, a criança tem tendência a realizar um desenho "disfarçado" a fim de evitar reviver o sofrimento passado.

Em alguns casos, de forma específica e explícita, se puder, pede-se à criança que desenhe uma família de animais, a fim de poder valorizar características ocultas que não manifesta no desenho normal da família.

**A recusa a colorir a família** é um sinal de apatia, de frieza de sentimentos, gerado por algum acontecimento que congelou o espírito da criança. É sempre um sinal de inibição, decorrente de uma educação demasiado severa, ou, ao contrário, demasiado livre, o que fez que a criança não se sentisse "cobiçada" pelo afeto dos adultos.

**Um chapéu na cabeça de alguma das personagens**, usualmente o pai, está nos mostrando uma opressão, um peso que impede a criança de crescer livremente. Sente-se oprimida por regras ou exigências, o que lhe é difícil de cumprir e observar. Manifesta-nos dessa maneira sua hostilidade e sua resistência diante do "opressor", quer seja real ou suposto.

**O fato de que uma personagem tenha um braço sobre o outro**, o que poderia parecer um sinal de afeto, significa na realidade que a criança sente que se lhe quer reter, impedindo-a de descobrir o mundo exterior. Dessa forma, deseja também pôr em evidência os limites que o adulto lhe impõe. Sua liberdade vê-se limitada e, sem dúvida, sua capacidade de socialização se ressentirá.

**Quando a família é representada dentro de uma moldura**, como num retrato, isso nos diz que a criança está sofrendo, por causa de uma educação muito rígida. Percebe sua família como um clã, onde o dever, o sentido da ordem e as regras são mais importantes do que tudo o mais. Não há espontaneidade, nem livre comunicação. E a própria criança está exercendo um notável controle sobre seus impulsos. Por não ter possibilidade de viver os sentimentos e os impulsos normais para sua idade, carrega-se de uma agressividade que geralmente expressa fora do ambiente familiar, com comportamentos violentos, hiperatividade e necessidade de movimento constante.

**Quando desenha cada um dos componentes da família separados dos demais**, numa habitação diferente ou ocupando-se com suas atividades pessoais diversas, é indício de uma comunicação fragmentada. A criança percebe sua família e sua casa como elementos impessoais e estranhos. Em longo plano, isso pode gerar comportamentos oportunistas e egoístas. Sem dúvida, a referida situação favorecerá sua autonomia e sua independência, mas sua vida social se ressentirá.

**Quando desenha a roupa ou o vestido de um dos membros da família com muitos botões**, está indicando o nível de afeto que a referida personagem sente pela criança. É um símbolo de laços sólidos, o que lhe dá um sentimento de segurança e paz. Quer bem essa pessoa e confia nela. Não obstante, a partir dos doze ou treze anos, esse laço pode ter um aspecto negativo, mostrando uma excessiva dependência, que limita sua tendência normal para a autonomia ou, pelo menos, seu desejo de separar-se um pouco dos pais emocionalmente, para estabelecer relações espontâneas e abertas com outras pessoas.

# Bibliografia

ABT, L. E.; BELLAK, L. *Psicologias Proiettiva*. Milano: Longanesi, 1967.

ARTHUR H., IL VILLAGIO *Test di attivitá creative*. Firenze: Os,, 1968.

AUBIN, H. *Il designo del bambino disadattato*. Padova: Picci, 1985.

CORMAN, L. *Le test du dessin de famille*. PUF, 1982.

CRONBACH, L. J. *Il test psicologici*. Firenze: Giunti-Barbera, 1982.

DOLTO, F. *Limage infantile e tecniche grafiche*. Roma: Armando, 1966.

KOCH, K. *Il reattivo dell'albero di Luescher*, Padova: Piovan,, 1993.

LUQUET, G. H. *Il designo infantile*. Roma: Armando, 1969.

MACHOVER, K. *Il designo de La figura humana*. Firenze: Os, 1979.

STERN, S. *Grammatica dell'arte infantile*. Roma: Armando, 1968.

WIDLOCHER, D. *L'interpretation des dessins d'enfants*, Liége Bruxelles: P. Mardaga, 1988.